小岛区块链

方军 ◎ 著

中信出版集团 | 北京

图书在版编目（CIP）数据

小岛区块链 / 方军著 . -- 北京：中信出版社，
2020.6
ISBN 978-7-5217-1754-9

Ⅰ. ①小… Ⅱ. ①方… Ⅲ. ①电子商务—支付方式—
通俗读物 Ⅳ. ① F713.361.3-49

中国版本图书馆 CIP 数据核字（2020）第 059967 号

小岛区块链

著　　者：方　军
插　　画：小游米
出版发行：中信出版集团股份有限公司
（北京市朝阳区惠新东街甲 4 号富盛大厦 2 座　邮编　100029）
承 印 者：北京诚信伟业印刷有限公司

开　　本：880mm×1230mm　1/32　　印　　张：8.25　　字　　数：100 千字
版　　次：2020 年 6 月第 1 版　　印　　次：2020 年 6 月第 1 次印刷
广告经营许可证：京朝工商广字第 8087 号
书　　号：ISBN 978-7-5217-1754-9
定　　价：59.00 元

向密码学家哈尔·芬尼（Hal Finney）致敬

“如果你知道它的实质就是一个账本，可能会有点惊讶。”

保罗·维格纳、迈克尔·凯西，《区块链：赋能万物的事实机器》

“如果你不相信我，或者依然不明白，我可没有时间去说服你。对不起。”

中本聪，比特币发明者

主要人物列表

芬尼

艾斯

菲舍

唐克

罗勒

乔治

未来也许
从一个“小岛”开始

方军发来最新的书稿给我，看到书名联想到《小岛经济学》，为其构思与呈现的方式感到欣喜，对书中所要探讨的主题也充满好奇，一段好奇而新颖的阅读旋即展开。

书以一个小岛即“比特岛”为逻辑起点，讲述了数字大陆中比特币及其底层技术区块链的缘起和发展。书中内容娓娓道来，图文并茂，分享了很多区块链发展和应用的故事、场景与实验，令人耳目一新，也让读者更易理解区块链到底是什么、它能用来干什么。随着阅读的深入，读者会理解到，区块链之所以可以产生如此大的颠覆潜力，主要还是在于其去中心化或去中介化、清晰可信的价值交换的核心特征。它是一个权力分散且完全自治的“价值传输”系统。

正如书中提及，“区块链的最根本原理是，它是一种记录交易明细的账本，它可以用来进行资金或其他有价值的事物在人与人之间的所有权转移”。基于此，作者总结了区块链的四大方面：区块链是世界账本或分布式账本，区块链是事实机器，区块链是信任协议，区块链是结算平台。作为“世界账本”，所有的交易明细都可公开透明地放在互联网上，任何人都可以查询。所记录的信息包括金钱、股票、证书、合同、证据、访问权、积分等。而“事实机器”与“信任协议”表明区块链带来的是数字世界的新一代信任协议，它公开透明、不可篡改。区块链也是一种社会技术，它替代了传统合同契约的“有形”限制，通过“无形之手”协调人类的互动与合作。同时，区块链可以用来做“结算清算平台”，交易双方可直接进行，无须可信第三方参与，能真正做到去中心化，而且交易的内容范围很广，可以是任何有价值的事物。

这四大方面使区块链能在医疗、财务、旅游住宿、交通、平台或社区运营等领域发挥重要价值，读者可以在阅读相关故事中找到启发或灵感。透过这些故事的阐述能够总体把握到，区块链降低了社会信任成本，提升了整体效率。当然，我们同时需要警醒区块链引发的泡沫，因为在很多时候，创业团队不一定能找到合适场景下区块链的应用，一些机会的实现也需要时间和耐心。但在这个过程中，会有一些人过于追求利益、虚夸项目、虚增区块链应用下通证、积分或所谓“项目代币”等的价值，从而导致泡沫产生。

今天，区块链将以零边际成本的流动性与开放生态赋能方式全面推动数字化。《小岛区块链》一书从技术与经济融合的视角对区块链的起源、应用与未来发展进行了生动形象的描述，书中用讲故事的叙述逻辑让读者更能切身体会到区块链发展应用的起伏与其中的机会和风险。

对于区块链，人们还是比较陌生，对它的本质、应用场景及模式不甚了解。这本书详细展示了区块链产生的背景、技术原理与实践应用，可谓恰逢其时。但是，当我掩卷静思之时，莫提默·J.艾德勒的话在耳边想起：“一本书的导读并不一定都是对的。就算他们写对了，可能也不完整。”

正如作者写在前面的话：“现在，我们都认识到，中本聪的发明开启了另一个数字变革，这通常被称为价值互联网，这是互联网的下半场。在过去几年，我们醉心于区块链技术的巧妙，也畅想区块链技术可能带来的无限商业变革。但我们遇到一个巨大挑战是，如何让更多的人理解这一神奇、神秘，同时也充斥误解的新浪潮？简单地说，如何理解尚未到来的未来？”

所以，我更倾向于读者直接阅读这本书，跳过我的这个部分，直接降临小岛，属于你的未来也许就从这里开始。

陈春花

北京大学国家发展研究院教授

2020 年 4 月 27 日

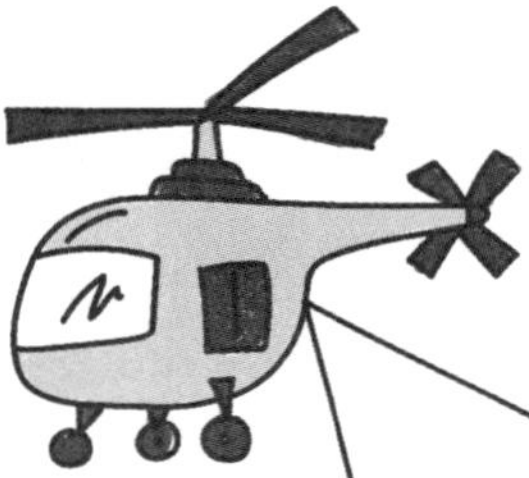

写在前面

2009年1月3日，至今匿名的中本聪将比特币网络上线。在第一个数据块中他记入了当天报纸的头版头条：“财政大臣站在第二次救助银行的边缘。”之前一年的10月，他在密码朋克邮件组中发表了一篇现在人称《比特币白皮书》的论文。2009年年初的这一天，他正式发明了区块链技术。

在我的心目中，上一个数字变革的伟大时刻是1989年蒂姆·伯纳斯·李（Tim Berners Lee）发明WWW（万维网）的那个时刻。那一年，蒂姆在欧洲原子能研究中心内部递交了一份未受到重视的报告，之后他努力争取资金买了一台乔布斯生产的NeXT个人电脑，做了些编程工作。1990年圣诞节前，一个网页“info.cern.ch”运行起来。这带来了我们现在身在其中的信息互联网。

现在，我们都认识到，中本聪的发明开启了另一个数字变革，这通常被称为价值互联网，这是互联网的下半场。在过去几年，我们醉心于区块链技术的巧妙，也畅想区块链技术可能带来的无限商业变革。但我们遇到一个巨大挑战是，如何让更多的人理解这一神奇、神秘，同时也充斥误解的新浪潮？简单地说，如何理解尚未到来的未来？

你看到的这个关于区块链技术、应用和创新的寓言故事，是我们再一次的尝试。我们把区块链发明和应用的故事放在了一个想象出来的小岛上。如果读过彼得·希夫（Peter Schiff）等写的《小岛经济学》你会知道，《小岛区块链》是向它致敬，用虚构的故事讲解真实的逻辑。不同的是，它写的是历史，我们写的是未来。相同的是，借用它的话说，我们都是试图“将错综复杂的事件浓缩为一部漫画式的作品，只进行粗线条的描述”，让你能一下子抓住本质。另外同样幸运的是，我们也找到了一位充满才气的绘画合作者小游米，因此你可以看到这一本带着幽默感的图文并茂的作品。

我们期望，用寓言故事来使你快速抓住区块链这一新技术和新模式。用小岛上的故事来讲区块链及其可能性，而不是以技术语言或商业分析来探讨，这给了我们无限空间去畅想未来。当然，我们的讲述都是以现实中已有的案例为基础的，也体现了我们对于互联网产业史和技术变革逻辑的理解。

法国学者保罗·维利里奥（Paul Virilio）用“解放的速度”一词对比 19 世纪末的运输革命和 20 世纪末的传输革命，解放的速度本指摆脱地球的引力去往外太空，保罗用它来讲述技术革命带给我们的解放速度。信息革命使我们离开了空间与时间的限制实现了数字化生存，过去30年我们强烈感受了信息互联网所带来的解放的速度。现在，我们去往数字世界的解放还在继续加速，期望这本书让你先感受到思维解放的速度——离开当下，去往未来。

目 录

0

引子：遥远的比特岛

我们生活的世界已经全面数字化。我们在数字世界的时间远超在实体世界，除了吃饭、睡觉、健身、与朋友见面聚会，多数时候我们的身体和精神都活在数字网络中。

现在，我们生活的这片陆地被恰如其分地称为“数字大陆”。数字大陆上有地理上的国家和跨越地理界限的商业帝国。它四面是浩瀚无际的大海，海上零星散落着一些小岛。

我们要讲的寓言故事发生在一个遥远的比特岛上。它是大海深处一个风景优美的小岛。它出产独特的美味海鲜比特岛霸王蟹，也是度假胜地。不知从何时起，各种各样的技术怪才聚到这个小岛上，他们中的一些是数字世界的技术奠基者。在数字时代，人的身体在哪里已经不再那么重要，这些人隐居在岛上，义务维护着支持数字世界运转的核心开源软件。独特的氛围也吸引了很多年轻人来到岛上。

偶尔，人们会听到来自比特岛的消息，如传奇人物又发明了什么新技术，小岛上率先试用了某种新奇但无用的数字科技……总之，岛上有这样的一群人，他们除了技术之外，别的什么都不关心。他们钻研和鼓捣什么东西只是为了好玩。

没人预料到，十年前比特岛出现的一个新玩意会引起整个世界的巨变。

1

比特岛游客纪念币

比特岛自然风光优美，又有独特的数字人文景观，每年吸引着大量的游客。或许因为一切数字化了，人们反而更喜欢看得见摸得着的东西。岛上景点、博物馆、咖啡馆铸造的实物纪念币与徽章等大受游客欢迎。游客们离开小岛时背包上总会别着几个。岛上咖啡馆老板们都挖空心思创造各种纪念币。

岛上有个像咖啡馆一样的独特去处叫加密朋克小酒馆，它没有老板，热心的常客会自行铸造小酒馆纪念币放在吧台上供游客自取。这些纪念币的图案、铭文、材料不固定，数量也不定且通

常很少。这反倒使小酒馆纪念币很特别，不少游客慕名前来，想看看能有什么意外之喜。

但讲实话，聚在小酒馆的常客——程序员和技术极客——对铸造实体纪念币实在没什么兴致。有一天，在小酒馆的线上论坛上，又有人提起这样的话题：我们为什么不做一个数字版的纪念币？

小酒馆的数字纪念币

做数字版的纪念币，是一个有意思的想法，也是一个难题。难题的根源是因为这个小酒馆没有老板。没有老板，谁来长期负责这件事呢？铸造实体纪念币，谁心血来潮就做一些放在吧台上就可以了，而一个数字版纪念币需要有人长期负责：谁负责写程序？谁负责运行服务器？系统出现问题谁来维护？

组成一个管理小组是没有人能接受的。几十年来，小酒馆故意维持着没有老板的状态，这已是独特的传统，他们以此为乐，并玩出很多新花样。没有老板做中间人，他们连做简单的一手交钱一手交货的交易都很难，但小酒馆的人们把这些障碍看成做各种有趣实验的机会[①]。

他们也知道，之前别处各种做数字版纪念币的尝试都失败了，正是都掉入了同一个坑里：启动时，有一个老板或管理小组会使数字纪念币系统很容易做出来。但是，当成为中心的那些人兴趣转移时，这个系统就会一下子失去活力，像农场被废弃了一

---

① 在附录“去掉中间人的数字交易实验”，你可以看到他们的一个实验。

样。而如果成为中心的那些人为自己的私利作恶，那么谁也拿他们没办法，只能“用脚投票”选择逃离，结果是一样的荒芜。

还有很多其他具体的技术性问题。比如，实体的纪念币有限定的数量，每一枚都是独一无二的。但是复制出来的数字文件是一模一样的，你如何保证每个数字纪念币的唯一性以让它有纪念价值？又比如，你怎么把数字纪念币交到游客手上呢？

对这些问题，过去大家能想到的解决方法都是靠老板这个中心——靠老板来给每个数字文件一个独一无二的编号，靠老板为游客造一个能接受这些数字文件的数字纪念币钱包。

在线上论坛里，大家讨论几句，便再次放弃了做数字版纪念币这个想法——只要我们坚持没有老板，这就无解！

一天，有个叫阿哲的新面孔在小酒馆的线上论坛留言：“我想到了一个办法来创造一种数字纪念币，这回真的可以不要老板。”他可能是个新人，也可能是小酒馆某个常客有意换了新名字匿名发言。

没几个人注意到他的留言，看到的人也不以为然，正如前面说的，在这条路上已经有太多失败的尝试。

阿哲 / 中本聪

没多久，阿哲在电子留言板上留下了一个链接。他写道："这是我写的一篇论文，我将用论文里描述的方式做一种数字纪念币，这个铸造机器我快造好了。"

一天中午，来到小酒馆的客人发现，大厅里有一台没有屏幕的服务器，它是阿哲留下的。他把自己研究出来的新玩意叫"比特岛游客纪念币"（BitIsland Traveler Coin），是一种没有老板，也无须老板的数字纪念币系统。

机器上贴着一张纸条，阿哲写道：

- 现在每 10 分钟，这台机器会通过计算比赛铸造出 50 个数字纪念币。欢迎你加入计算比赛，每轮比赛的获胜者将赢取这 10 分钟所新铸造出的数字纪念币。
- 加入比赛的方式是，下载我写的“比特岛游客纪念币”开源软件客户端程序，在你的电脑上运行，并接入这个数字纪念币铸造网络。在这个计算机网络中，所有人都是平等的，简单来说，即没有人是“老板”。
- 如果你只是想拥有纪念币，你可以按说明创建一对公钥与私钥，然后算得钱包地址，它将是你存放纪念币的地方。写邮件把钱包地址给我，我会送纪念币给你。

芬尼是小酒馆的常客，他是资深的密码学家，也是一位程序高手。他立即下载软件，在自己的电脑上运行起来。

连上了！他的电脑和小酒馆大厅里那台服务器连成了一个小小的仅有两台计算机的网络。如果大厅里那台机器是“服务器节点 1 号”的话，芬尼的笔记本电脑就是“服务器节点 2 号”。芬尼的笔记本电脑开始发烫，散热风扇快速旋转，阿哲开发的这个纪念币铸造程序看起来在让电脑做大量的计算。

芬尼想，为了从无到有凭空把数字纪念币生成出来，这个网络让参与的计算机进行计算比赛是不错的选择，算力高者获胜就是数字世界的竞争逻辑。他认为，这也是某种形式的按劳分配，这些计算机的计算在支撑着数字纪念币网络的正常运转，它们按贡献得到对应的回报。

最初的几个 10 分钟，一直都是阿哲的电脑获胜。芬尼看到，每过 10 分钟，阿哲的钱包地址里就凭空多出来 50 个数字纪念币。

芬尼

啊哈！芬尼开心地看到自己的电脑终于赢了一个回合。他的钱包地址里也有了 50 个数字纪念币。

在同一时刻，阿哲大概也在电脑前密切观察着。因为这时芬尼发现自己的钱包地址里多了 10 个数字纪念币，这是阿哲刚刚转给他的，备注区里写着：

“我谨把这 10 个比特岛数字纪念币赠给芬尼。——阿哲”

这笔转账使芬尼成了第一个严格意义上得到数字纪念币的普通人，这 10 个数字纪念币是第一笔不是凭空创造出来，而是别人转账来的。

按他留下的邮件地址，芬尼给阿哲写了封邮件，两个人讨论起来这个数字纪念币软件的原理和问题。这个软件能运转，但时不时会出这样那样的问题。在接下来几周里，两个人一起远程工作，优化程序，修正错误。

小酒馆里，陆续有更多人参与进来。他们没有像芬尼那样参与编程，也没有写邮件沟通，他们只是按照阿哲的说明去下载软件，在自己的计算机上运行起来。这些计算机成为服务器节点 3 号、4 号、5 号……这些计算机每 10 分钟进行一轮计算比赛，赢家会获得这一轮的 50 个纪念币奖励。

当然，其实从没有 1 号、2 号、3 号这样的编号，每个服务器节点都是平等的。参与计算比赛和数字纪念币铸造的人都亲身体会到，这个网络的确没有“老板”。虽然阿哲开发了这个纪念币铸造网络，但包括他在内的任何人都不能控制这个网络。没有人可以偷偷地铸造出很多纪念币给自己，所有人都只能通过计算比赛才能赢得纪念币。

这个网络里的计算机越来越多，它们疯狂地计算着。每 10

分钟，它们进行一轮计算比赛，赢得奖励，获胜者赢得一些纪念币奖励，这些奖励是从无到有新生成的。人们把这叫“挖矿”，因为得来的奖励纪念币像从地底下挖出来的一样。参与计算挖矿的人不断增加，小酒馆的电力消耗剧增。

小酒馆里的常客几乎都加入了这个铸造数字纪念币的游戏。

现在，进了小酒馆，只要你对酒馆里各种嗡嗡作响、发热烫手的计算机多看一眼，马上就有人热情地给你介绍这个神奇的网络，要送数字纪念币给你。

纪念币“水龙头”

这是一个好玩的游戏。在小酒馆里，大家把数字纪念币转来转去。它很像实体的纪念币，从我的钱包地址转一个纪念币给你，就如在实体世界里一个人亲手把纪念币给另外一个人。

两个人的电脑之间转移了什么？好像并不是拷贝了一个文件，但又的确移动了什么东西，并非只是数字的加加减减。

数字纪念币没什么价值，像小岛上大多数实体纪念币一样，一切只是好玩。

有些人承认，这回好像真的搞出了一种真正的数字纪念币。长期看，这次会成功吗？没人知道。

发明这种纪念币机器的阿哲从未公开露面，他一直很神秘。也许他就在小酒馆的某个角落，但只有用匿名的邮箱才能联系到他。没有人知道他是谁，连芬尼也不知道。

不管怎样，这个数字纪念币成了加密朋克小酒馆的热门话题。一群人像芬尼一样，与阿哲一起编写代码，他们着迷于开发软件。另一群人则整天琢磨怎么让电脑运转更快，以在计算比赛中获胜得到更多的纪念币。用更精妙的方式赢得比赛，看到自己的纪念币数量增长，这让他们着迷。

随着数字纪念币越来越热，渐渐地，也有游客慕名而来："我想要一个数字纪念币，怎样才能拥有呢？"

那些热情推广数字纪念币这个新玩意的人想到，要让更多的人接受这个纪念币，我们就要让它可以更方便地获取。他们想，数字纪念币是不是能像过去实体纪念币一样放在吧台让人自取？有个叫安德的程序员马上动手开干。他做了一个机器叫"比特岛数字纪念币水龙头"，放在小酒馆的门外。这可能是第一个普通人可以用的纪念币应用。安德"倒"了1万个数字纪念币进这个机器里让游客自取。对游客来说，它的确像水龙头一样——你拧开水龙头，就可以得到一个。

"滴答"一声，数字纪念币就从水龙头流进你的钱包地址里。

正如阿哲命名时所期待的，比特岛游客纪念币果然没有止步于小酒馆。比特岛上很多酒馆、咖啡馆的门口也装上了这种数字纪念币水龙头。

"滴答、滴答……"数字纪念币水龙头成为比特岛的新风景。

比特岛的很多咖啡馆的老板本来就是计算机极客，他们把自家机房里的空闲服务器接入纪念币铸造网络，参与计算挖矿。他

们也不再铸造自己的实体纪念币了。现在，他们给数字纪念币染个色，也就是加个标注，作为自己咖啡馆的纪念币送给顾客。

比特岛的游客们很喜欢这个新鲜玩意。现在离开小岛时，他们每个人都有了自己的数字钱包地址，它有点像电子邮件地址，数字钱包地址里是收到的各种数字纪念币。

比特岛数字纪念币风行一时。

它的未来会是什么样？虽然如果你幸运的话可能会找到人愿意用一杯啤酒跟你交换一万个纪念币，但此时数字纪念币还一文不值。

但这时已经有人设想说，它将取代比特岛上的货币——比特岛金币，甚至有人宣称，在未来，数字纪念币会席卷整个数字世界。

现实链接

区块链技术背后的关键理念

区块链已被公认为一项突破性的基础数字技术。这个故事中说的数字纪念币其实就是比特币（Bitcoin），阿哲是中本聪（Satoshi Nakamoto）。与比特币一起诞生的是它背后的底层技术——区块链技术，它将被发现、深入研究、最终成为数字化世界的新关键基础技术。

但在它们刚出现的时候，人们无法预见比特币会变成什么，也无法预见它背后的区块链技术有什么用。

这是很多突破性数字技术的发展特点：最初它看起来跟某种既有事物很相似，后来却远远超出人们的想象。电子邮件初看像邮政信件的数字版，但后来它变成了工作沟通的利器。微信也曾被说成是频次更快、更短小的电子邮件，马化腾也曾经说：“微信其实是一个邮件，只是它快到你以为它不是。”现在，我们在

其中已经看不到一点信件和电子邮件的影子了，它已成为一种全新的物种，成为我们日常沟通的基础设施。

这些突破性的基础技术又是容易理解的，因为它们的核心理念都很简单。也正因为它们在原理上有简单之美，纷繁复杂的应用才能基于其发展出来。区块链技术的原理和曾影响我们的各种基础数字技术有着类似的简单之美：

■互联网（Internet）是简单的，它实现了计算机联网和数据传输。

- 电子邮件是简单的，它用邮件服务器和邮件地址来处理邮件的传递。
- 万维网（WWW）是简单的，基于“超链接”（hyperlink）这个理念发展出 HTML 网页、HTTP 文档传输协议和 URL 地址等具体组件，让我们可以将信息上网。

我们这里用数字纪念币描述的新事物背后的技术理念也是简单的：“去中心化”和“去中介化”。形象地说，就是加密朋克小酒馆没有老板这个中心和中间人，数字纪念币系统是这种理念在数字空间中的实现。

去中心化指的是，在众人组成的网络中，没有具有掌控权的中心。在最严格意义上的公有链如比特币区块链中，所有参与者的角色都是对等的。

这是把世界颠倒过来的新理念。人类社会组织和人类设计出的事物绝大多数是有中心的，也有着类似金字塔式的管理层级。区块链网络是反过来了，它是一个无中心的对等的计算机网络。

去中介化指的是，当两个人相互之间转移所谓的数字纪念币时，他们不需要经过任何中间人。通过去中心网络，我们直接把它从一个人的钱包地址转到另一个人的钱包地址。

中本聪在他的论文《比特币白皮书》中指出，他要创造的是一种“点对点的电子现金系统”（peer-to-peer electronic cash system）。点对点指从一个人转给另一个人，无须经过任何中间人。我们将不再需要那些“可信第三方”（trusted third party）来解决双重支付问题[①]。

无须中间人，这同样是把世界颠倒过来的新做法。在电子世界和网络世界中，当我们要转现金给别人时，我们必须依靠中间人，比如信用卡网络、银行ATM机或手机网银、支付宝与微信支付等第三方支付。它们必须存在，不可或缺。现在，比特币等系统证明了在技术上这些中间人并非必须存在，区块链网络可以取代这些中间人。

从最初的比特币实验开始，区块链完美地展示了去中心化和去中介化在技术上是能实现的。之后，人们逐渐地认识到区块链技术的价值。网景公司（Netscape）创始人、发明了首个互联

---

① 在数字世界，由于数字文件是可以完美复制的，如何把一个东西给别人而自己再也没有了，即确保数字事物的唯一性是一个难题。在探讨现金等时，这通常被称为“双重支付问题”（double spending）。过去的解决方案多是依靠某个中心与中间人，而区块链运用去中心网络与分布式账本解决了这一难题，即由不属于任何人、不受任何人控制的计算机网络来做中间人。

网浏览器的马克·安德森（Marc Andreessen）说："天啊，就是这个了。这就是我们一直在等待的重大突破。这就是互联网上一直被需要却又一直没有实现的分布式可信网络（distributed trust network）。"2015年时他就预测，在20年后，我们会像讨论今天的互联网那样去讨论区块链技术。

同样在2015年，英国《经济学人》（*The Economist*）杂志以封面文章《信任机器》（The Trust Machine）报道说，比特币背后的技术有可能改变经济运行的方式。作为有影响力的全球媒体，《经济学人》一下子把区块链技术推到了大众面前。当然，人们对比特币的价值与价格始终有很多争论。巴菲特曾说："它就像贝壳之类的东西，对我来说不是投资品。"

随着时间的流逝，笼罩在区块链技术上的迷雾逐渐消散，它的长期技术价值最终毫无疑义地展现在人们面前。一个关键转折点是2019年10月24日，这一天中国宣布"把区块链作为核心技术自主创新重要突破口，加快推动区块链技术和产业创新发展"。过去的25年中，信息互联网的发展推动了整个世界的数字化，以区块链技术为基础的价值互联网将进一步加速这一趋势。

PART 1

区块链技术

2

背后的账本革命

比特岛上的多数人把数字纪念币看成一个好玩的游戏，但也有人一下子看到了它背后的区块链技术的价值，芬尼是其中的一个。他相信，数字纪念币系统背后的东西可能给数字世界带来巨大的变革，而数字纪念币只是区块链的去中心网络与分布式账本的一种应用。

在芬尼看来，这个数字纪念币系统的核心是一个公开的账本，上面存着所有的交易明细，它能被方便地查看却难以被篡改。

当芬尼说起账本时，人们有点困惑：账本不是会计该考虑的事吗？它跟我有什么关系？

在人类数千年的文明历程中，文字、货币、账本是人类商业活动的三个基础要素，把它们组合起来后，人们能跨越亲缘、地理和时间的限制进行交易。

互联网给三者之中的文字带来了巨变，它将文字信息数字化，并改变了其传播方式。有段时间，人们认为比特币和区块链技术改变的是这三者之中的货币，而现在芬尼想告诉大家：区块链主要改变的是账本。

为了让小酒馆的朋友们理解账本的意义，芬尼给他们讲起比特岛的历史。大家已经在数字世界待了太久，淡忘了之前的事。因此芬尼从比特岛与威纳湾的贸易说起。

与威纳湾的商品交易

现在人们从数字大陆来比特岛，大多还是从威纳湾登船，威纳湾就是小岛和大陆的连接点。两地之间的商品贸易已有几百年的历史。

很久很久以前，比特岛是个普通的热带海岛，岛上有鲜美的水果。芬尼的先辈生活在这个小岛上，靠着鱼和水果过着幸福的生活。

后来，有个岛民划着独木舟抵达位于遥远大陆边缘的威纳湾。威纳湾有着肥沃的农田，人们种植小麦，面包是他们的主要食物。远航抵达大陆的岛民第一次吃到面包，觉得好香啊！威纳湾人吃了岛民当干粮的水果干，也觉得无比美味。

就这样，在比特岛和威纳湾之间开始了以货易货的商品贸易。岛民运送着一船船水果干去威纳湾，再运回面粉。

几百年后，威纳湾成为海上贸易强国，它从东方买来胡椒等香料卖遍整个大陆。正面印着狮面像的威纳湾金币在各地通行。与威纳湾贸易密切的比特岛也不例外，在小岛上威纳湾金币被普遍接受。通常，一船水果干值 10 个金币，一船面粉也值 10 个金币。

用了金币后，两地的商贸变得大为方便。岛民运送几十条船的果干去威纳湾，一部分换成面粉，另一部分则换成金币带回来。但一些意料之外的事情发生了。

原始的银行和账本

海上的天气难以预料。偶尔有运货的船只遭遇风浪，这是不可避免的，人们习惯把这些损失看成贸易成本的一部分。

用了金币之后，接连几次载有大量金币的船只失事。船上的商人安全回来了，但数以百计的金币落入大海之中。

在几次巨额的钱财损失之后，威纳湾和比特岛的商人觉得需要想个新办法解决这个问题。他们自问：我们为什么非要带着大量金币冒险渡海呢？

一个新的生意出现了，新生意做得最大的是在威纳湾和比特岛两地都有不少家族成员的美第家族。如果要从比特岛带 100 个金币去威纳湾，你上船前把金币存到美第家族的比特岛分店，到

了威纳湾，你去美第家族的总店取出金币就好。反过来也可以，你在威纳湾存入金币，到比特岛再支取。

既然金币根本无须在海上运输，金币落海的问题就被完美地解决了。

比特岛对威纳湾有贸易顺差，一般每年要额外从威纳湾运送近万个金币到岛上来。美第家族会选择风平浪静的季节，用最坚固的船运输这批金币。

看着两边装满金币的金库，看到一年一度节日般的金币运输

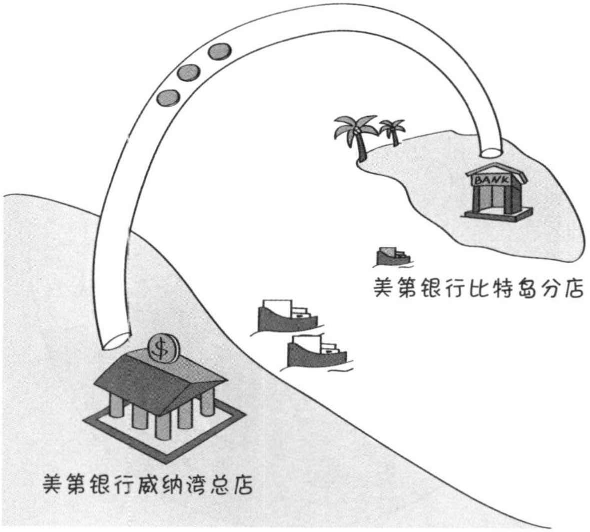

到港仪式，人们以为，美第家族做的是金币保管、运输的生意。在他们看来，金库是美第家族生意的核心。

芬尼告诉他的朋友们："实际上，美第家族生意运作的基础是账本，是账本帮人们实现了金币的流动。"多数时候，金币一直待在金库里一动不动，但金币又在账本形成的河流里持续流动。

美第家族生意其实是原始的银行生意。如果去看数字世界的现代银行，你会发现银行的金库越来越小甚至消失了，而银行里的账本越来越多，它们多是采用所谓的复式记账法的账本。最早，意大利人卢克·帕西奥利（Luca Pacioli）在 1494 年写了一本这种记账方法的指南书，他被称为复式记账法之父，在书中他写道："没有复式记账法的话，商人夜晚就没那么容易入睡了。"

美第银行的生意基础是一系列基于复式记账法的账本，一笔账记在至少两个账本上，始终保持账本的平衡。当你在比特岛把 100 个金币存进美第银行，它的资产记录增加 100 个金币，而它的负债也记录增加 100 个金币，保持账目平衡。

美第银行还做了更多的复式记账法的记录。在它的金库账户下记录，存入 100 个金币（这是你贷给银行的），它在你的账户下记录，存入 100 个金币（这是银行向你借的），同样保持账目平衡。

当你在威纳湾支取 100 个金币，相反的情况在账本上发生了：美第银行的资产记录减少 100 个金币，它的负债记录也减少 100 个金币，继续保持账目平衡。

普通商人其实不太关心美第银行的账本是怎么回事，他们只要能享受到这种便利就好了。他们把金币存入美第银行的某一处分行后，这些金币就无障碍地流动起来。美第银行的账本是让金币流动起来的河流。

当商人都在银行开设账户之后，他们相互转账时金币甚至都不需要离开美第银行的金库。你没有必要把金币再取出来，收钱的一方也不用麻烦再存进去。

假设我是比特岛的商人艾柯，通过美第银行转 100 个金币给威纳湾的商人鲍勃。美第银行可以直接把金币从我的账户转到鲍勃的账户，这是通过紧密相连的两步实现的：第一步，从艾柯的账户把金币取出来，艾柯的账户上减少 100 个金币；第二步，把 100 个金币存入鲍勃的账户，鲍勃的账户增加 100 个金币。

在账目上，金币也被从金库取出，又再存入。但实际上，它在那儿从来没被移动过。就这样通过记账，金币从一个人手中转移到了另一个人手中。在整个过程中，美第银行采用的复式记账法确保借方和贷方始终保持账目平衡。金币通过银行的账本流动起来了。

后来，复式记账法被扩展到了银行之外的几乎所有经济与商业领域，各类公司的现金、原材料、产品的所有权都通过账本流动着。到了信息时代、网络时代，计算机与网络把记账处理得越来越高效。用类比来说，信息技术使账本从小河流变成了大运河。

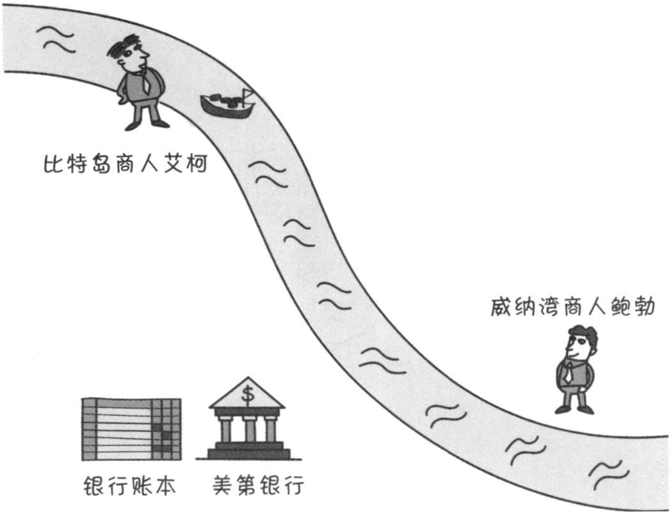

银行账本像河流

从大运河到铁路

听芬尼讲这些过去的历史，小酒馆的人有点不耐烦，他们追问："这跟区块链有什么关系呢？""你是说，区块链可以把这些账目处理得更好？"

"是的，又不是。"

简单地运用区块链技术，我们的确能进一步拓宽大运河，提

区块链账本更像铁路

高它的运输能力。但区块链技术带来的变化更像铁轨与铁路。现在的账本是河流，它可以用来运输金钱；区块链账本是铁轨与铁路，它将以截然不同的方式运输金钱。用类比的方法讨论不甚精确，但了解了区块链账本在做什么之后，你会承认这个类比是有启发性的。

马上有人应和道："区块链记账这么牛，为什么这么多人还不能理解？这是因为，现在人们还在试图把铁轨用在改造运河上。可惜的是，铁轨扔到河流里是会沉没的，运河并不需要铁轨。"

当我们想要用一个新技术时，一个好的做法是去理解在最根本的原理上它可以做什么，然后将使用场景与技术实质协调一致。区块链的最根本原理是，它是一种记录交易明细的账本，它可以用来进行资金或其他有价值的事物在人与人之间的所有权转移。

我们用一个金币转账的例子来看从复式记账法到区块链账本的变化：比特岛的商人艾柯要通过美第银行转 100 个金币给威纳湾的商人鲍勃。

我，比特岛的商人艾柯，非常相信美第银行。你，威纳湾的商人鲍勃，也是如此。美第银行一切均依托于复式记账法账本，用它确保自己的账目始终保持平衡，也就是确保每个人的钱都安全无虞。

美第银行也单独为我们每位客户记账，它给我们每个人分别开设账户。当你存入金币时，它在你的账户下记录，存入 100 个金币（这被记为银行的负债）。在银行金库的账目中，它也做了相应的记录。美第银行还会开立一张银行存单给你作为凭证。

当你要取出金币时，它核实存单、你的账户记录、银行金库的记录等，把金币兑现给你。

需要转账时，我们会请美第银行开一张转账单。当我艾柯要通过美第银行把100个金币转给你时，我去比特岛的美第银行分行开一张转账单，注明收款人是你鲍勃。在比特岛上，我把这个转账单给你。在威纳湾，美第银行分行接受你带来的这张转账单，它核查和更新银行的账本，100个金币从此之后就属于你了。

后来这个转账变得越来越便捷。有了支票之后，我不必去银行而是直接签一张支票。进入数字时代后，我们甚至不必再递送支票了，而是直接通过网上银行转账。我用网上银行签署和支票一样的电子凭证，银行信息网络把这张凭证转给你，最后银行将资金计入你的账户。

现在，区块链账本带来更大的变化。

在美第银行内部还有一个更基础的账本，也就是记录每一笔交易明细的分类总账（ledger）。它也叫底账或流水账，它记录了每一笔交易的明细：我存入金币，我开一张转账单，你兑现这张转账单，你取出金币，你存入自己的账户等。

区块链将这些交易明细账本数字化，公开出来，并让它变得更有用：

首先，区块链的账本做的是交易明细的记账。区块链的数据区块里记录的交易明细带有时间戳，有易验证、不可篡改等特性。

其次，区块链的账本可以生成美第银行场景中用户拿到的各种凭条，比如你拥有 100 个金币的凭条，比如我将金币转给你的转账单或支票等。

最后，区块链的账本能直接帮我们完成转账。这个账本不只是用来记录，转账是区块链最基本的功能之一。在比特币区块链上，这个过程大体上是这样的：我创建一个交易（从我的钱包地址转几个比特币到你的地址），当我用私钥签名后，一个交易凭条被创建出来。我对外广播这个交易凭条。当比特币区块链网络确认后，即这个交易凭条被打包进一个数据区块后，这个转账就完成了。

总之，区块链账本是数字化的存有所有交易明细的账本。它记录交易明细，它可用来生成凭条，它可直接进行价值转移。它是对所有参与者公开的，各方均确认及认可其上的记录。

现实链接

当所有公司都用上区块链

那么，谁最需要区块链账本？

区块链账本可以形成可信记录交易明细、可信的数字化凭条，可用来方便地进行价值转移。这对银行很有用，它对银行里的各种明细账本的意义就像几百年前复式记账法对于银行诞生的意义一样。

但银行其实并不怎么需要它，现在银行的账本运行得很好。进入数字时代，各种各样的银行开具的凭证逐渐消失了。原本，我们自己拿着的凭证、银行帮我们记的账目被用来相互对照，现在我们无条件相信银行记录的账目。虽然也有人质疑银行账目，但其实这不是什么问题，受到高度监管的银行总体上是可信的。在全世界，任何地方都不太会出现这样的情况：某家银行整体丢失账目引起混乱，或者有银行恶意篡改账目把客户的钱吞掉。

其实，最需要区块链账本的不是银行和金融机构，而是我们经济中的其他部分。现在，银行和银行之间已经有一整套信息化的手段来保存、传输各种数字凭证。但在这些方面，普通商业公司没有享受多少技术进步的益处。普通公司还用着各种各样原始的凭证，工作人员不得不花费大量的时间、精力去开具和确认这些凭证。

虽然信息技术发展得很快，凭证却没能很好地电子化，原因是没有好的技术手段使电子凭条对各方都是可信的。现在，公司间的商业交易，依赖信任之跃——我相信你。如果没有这种信任的话，各方必须花费大量的成本生成和确认这些凭证。银行间现在处理电子凭证的方法成本太高，没办法扩展到一般的企业。

终于，区块链账本出现了。

人们已经看到，它即便是用在金融级系统里也可以保证安全性。人们的第一反应是把区块链用到金融领域中，但区块链账本的用武之地却是金融领域之外的一般商业领域。数百年前，当复式记账法从银行扩展到整个商业领域时，它促进了商业的发展，成为现代商业活动的基础。区块链账本将以类似的方式发挥作用。

芬尼直接跳向了最后的提问：如果两家公司、两个人之间能像银行一样转账，那将带来什么变化？我们已经有了信息流动的互联网，如果再有一个价值流动的互联网，未来会变成什么样？

小岛词典：三式记账法

在2005年，计算机专家与密码学家伊恩·格里格（Ian Grigg）提出了所谓的“三式记账法”（triple entry bookkeeping）。他的建议是，在复式记账法之外，增加第三套账本，即一个独立的、公开的、由密码学确保安全性的交易明细账本，且任何人都无法篡改。用银行转账的例子来说，这相当于把记录交易明细的那个账本独立出来，把它开放在互联网上，任何人都可以来查验。

现在，人们已经认识到，我们可以超越格里格的思路——区块链不只是记录交易明细的账本，它能生成交易凭条，它能传递交易凭条即完成价值转移。交易凭条相当于钱，它的移动即价值的转移。由此，区块链网络成为价值流动的新工具。

比特币区块链和其他通用的区块链系统完全采纳了格里格的如下两个主要建议。

格里格的第一个建议是，在各家公司的复式记账法账本之外建立第三个账本，它存储的是交易的凭条。

我将一船货物运送给你，我们一起用密码学的方法生成一个收条，上面记录双方均无异议的交易。

我，艾柯，将一船货物已经交给你。

我，鲍勃，已经签收此船货物。

密码学的方法被用来对它进行数字签名，以确保收条是签名方认可的。数字签名在数字世界中取代在纸上的签名。

格里格的第二个建议是，把这个账本实时地公开，谁都可以来查证检验，从而让这个凭条本身是独立可验证的。

其实在格里格提出三式记账法很早之前，1997 年密码学家尼克·萨博（Nick Szabo）就提出了所谓的“上帝协议”（The God Protocol），即让多台计算机组成的网络来帮助各方形成信任关系，让计算机网络像可以无条件信任的上帝一样担任中间人。他设想，在一个多方均可访问的“虚拟机器”（即由相互连接的计算机组成的网络）上存放一个电子表格，形成一个可验证的交易明细记录。在萨博设想的基础上，格里格往前进了一大步，他给出了更具体的实现思路，特别是在这个电子表格（也就是账本）如何构成上，格里格给出了具体的思路。

不过，格里格留下一个非常重要的难题等待解决：如何确保这个公开的账本不被篡改？即如何最大限度地确保它的安全性？

说到这里，芬尼提醒他的朋友们去细看数字纪念币系统和它背后的账本机制，中本聪用技术和经济融合的方式巧妙地解决了安全性问题。中本聪发明的比特币系统和区块链技术解决了这个难题。萨博提出设想，格里格给出思路，最终中本聪将它实现了。

3

中本聪实现了

数字纪念币在比特岛上广为流行，因诞生于比特岛，它被简称为“比特币”。现在说起阿哲，人们也用他的全名——中本聪，这当然还只是一个代号，没人知道他是谁。

在芬尼的提示下，技术极客们注意到比特币系统在技术上的精妙，它用技术和经济融合的方法确保了账本的安全性，它是公开的，又是不可篡改的。在加密朋克小酒馆，就这个话题，芬尼与充满好奇心的艾斯开始了一次长长的对话。

芬尼的讲授：不可篡改的账本

“这个数字纪念币系统很简单，它用一个特殊的账本来记录，我有多少比特币，你又有多少比特币。”芬尼说。

“这个账本就是区块链吗？”艾斯问。

“是的。最狭义的区块链定义是特殊形式的数据存储方式，在其中，数据是用一种链式的结构来存储。1991 年，密码学界就有人发明了这个方法，并叫它块链（chain of blocks）。”

“一个时间段的交易数据被打包起来，成为一个数据块。下一个时间段的交易数据被打包成为下一个数据块。下一个数据块跟在上一个的后面，一个跟着一个。”

“下一个数据块带着上一个数据块的哈希值。一个数据块的哈希值相当于它的数字指纹或快照。这样做带来的效果是，如果只改前一个的话，那么后面一个里存的数字指纹就对不上了，我们就会发现数据被改动了。总之，你没办法在不改变后一个数据块的情况下改变前一个。”

看着艾斯迷惑的眼神，芬尼接着说：“我们打个比方吧。我们把区块链看成一个日记账，每天记录一页。一天过后，当天的这一页就再也不能修改了。这些一页页的账连起来形成一个账本。为了确保前一天的账页不被涂改，这个账本有个特别的设计：第二天的账页上有前一页的照片。如果前一页被涂改了，那么账页和后一页上的照片就对不上号了。”

“比如，今天周日，如果你想把本周一的那一页账悄悄改了，你只把这一页抽出来改可不行。你必须把周二那一页上存的照片也改了。接着，你还必须把周三、周四、周五这每一页也改了……”

“如果我把最后的一页即昨天周六的账页严密地保存起来，

芬尼

你在任何情况下都改不了，那么你虽然改了前面那些，但到这一页还是对不上，你前面所做的涂改无法生效。”

“过去，我们得把整本账本严密地保管起来，放在保险柜里。现在，我只要把最后一页牢牢地锁在保险柜里就好了。”

芬尼接着卖了个关子，“不过，区块链可不是把最后一页锁到保险柜中，而是把它公开出来。请你想想，为何它这样做是更好的选择呢？”芬尼准备稍后再谈这个话题。

在艾斯陷入沉思的时候，芬尼补充了一个基本知识点。

艾斯

“哈希函数（hash），是了解区块链必须掌握的密码学知识。贴在每个账页上的前一天的照片就相当于前一天账页的哈希值。任意长度的数据文件输入哈希函数均会得到固定长度比如二进制256位的哈希值。只要数据文件有一点变化，它的哈希值立刻就会变得不一样。”

芬尼总结说：“这个链式的数据结构是中本聪用来确保比特币的区块链账本难以被篡改的第一个重要机制。”

芬尼的讲授：公开透明的账本

听到密码学、哈希函数这些词，艾斯又听说比特币是加密数字货币（cryptocurrency），便问："哈希就是加密吗？"

"嗯……哈希和加密是完全不同的两件事！"芬尼在想怎么解释，他想先澄清一下基本概念。

"哈希，是将原始文本转换成不可逆的一串固定长度的字符即哈希值，从哈希值无法倒推出原始文本。加密是将原始文本转换成可逆的密文，原文越长密文一般也越长。收到密文的人用解密方法可以倒推出原文。"

"假设你有一个机械闹钟，哈希相当于给它拍张照，从一张照片你是没法把闹钟变回来的。加密，则相当于把闹钟所有的零件拆下来打散了给你，你能用这些零件把闹钟重新装配起来。"

"你刚刚说到保险箱，我听人说，区块链可以用来保密。"艾斯说。

"大错特错！"

"其实区块链跟加密、保险箱没什么关系。把最后一页账放在银行级金库里严密防护只是一种思路。中本聪这个家伙很聪明，他反其道而行之，他把一切都公开出来了。”

“我不知道中本聪究竟是谁，但我想他是密码学界的同人，他对密码学困境的理解非常深刻。在加密和破解上，一直是道高一尺魔高一丈，大家你追我赶地前进。我们放在互联网上的东西是很难靠加密做到万无一失的。你发明了安全的加密算法，别人发明了更高明的破解方法。这或许能防得住一时，但你不知道未来会发生什么。”

“中本聪采取了与我们完全相反的思路。他既不是把全部账本，也不是把最后这一页账用最高级的加密方法严密地保存起来，而是把这个账本公开、透明地公布出来。”

艾斯有点意外。

“你刚刚在酒馆门口的比特币水龙头取了一个比特币是吧？我看到你的钱包地址了。”芬尼敲打着键盘，抬起头说，“我看到你昨天也在这儿取了一个比特币。我还看到，上个星期三，你转出了200.06个比特币到另一个钱包地址。在过去几个月，你转了十几笔去那个地址。”

“糟糕，被你发现了。”艾斯很窘地说，“我准备把自己的比特币都囤在那个地址，我想等到比特币可以换点什么的时候再用它们。”艾斯有点意识到区块链账本上的信息不是加密的，而是公开的。

“你看，这就是比特币系统的区块链账本，所有的交易明细公开透明地放在互联网上，谁都可以查询。公开透明，是中本聪用来确保比特币的区块链账本难以被篡改的第二个重要机制。”

芬尼接上之前埋下的疑问，“刚才我说，用链式的数据结构来存数据，只要确保最后一页不被涂改，那么别人就无法涂改之前的所有页。要确保它不被涂改，普通人想到的多是把最后一页严密地保存起来，而中本聪采取的是完全相反的思路。”

“他是这么做的：一，他让最后一页是公开透明的，所有人都可以看到。二，比特币区块链每 10 分钟增加一个区块，也就是使最后一页是持续变化的。三，每增加新的一页时要进行验算，因而每加一页是再次确认之前的账页的正确性。”

“持续增加使区块链账本是活的。如果把最后一页严密地锁在保险柜里，我们是能保证数据不可篡改，但这样存下来的数据是静态的。这样的做法不会形成易于广泛使用的技术。中本聪的设计则使这个技术是可用的。数据按照固定的时间周期持续增加，每 10 分钟就会增加出新的一页，这带来的效果是使用越多越安全。”

芬尼还补充道，“区块链账本是一个可用的技术，这在另一点上体现得很明显。它的数据难修改、易查验，即修改它的数据很难，但查看和校验它的数据很容易。”每打包形成一个数据区块，我们就像把一个时间段的交易明细放进一个箱子，随着时间增加，这些箱子一个叠着一个垒得越来越高。早前的数据几乎很难被偷偷涂改，因为要把下面的箱子抽取出来涂改是难以完成的任务。仍以类比说，这些箱子是透明的，我们要查看任何一个箱子里的交易明细数据很容易。因此，区块链上记录下来的数据难以被篡改，却很容易查询与使用。

芬尼的讲授：分布式记账

小酒馆没有老板，每天晚上会有客人自愿帮忙把当天的账目理好，记录卖了多少酒、存货还有多少、今日进货额、收入多少、支出多少等。芬尼提起小酒馆独特的记账方式。

“是，小酒馆的账目一直很简单。我帮忙记过，记完就直接保存在酒馆电脑里。”艾斯说。在说话时，艾斯又快速把今天小酒馆的账记了。

“让我们试着来用中本聪的方式记账。”芬尼说。

“第一步，你已经做完了，清点今天的账目形成一页记录。过去，你只是把账目存在小酒馆电脑里。让我们来改变一下做法。”

“第二步，在小酒馆大厅的布告牌和网上的布告牌上，请你把今天的账目公布出来。”

艾斯照做了。他觉得这很容易理解，这不就是账目公示嘛。

“第三步，我们要求今天在场的和连网的每一个人都复制一份这个账目。”

“那么，大家如何确认你公布的今日账目是对的呢？每个复制这个账目的人要自己做一次验算。大家不会信任你，而是进行验算。”虽然芬尼再次强调了交叉检验，但艾斯并没有注意到。很久以后，他才了解到交叉检验是保证账本安全性的重要一环。区块链的基本假设不是让人互相信任，而是让每个人都能够自行验证。

“我明白了，这就是很多人说的分布式记账，它实现了公开透明和不可篡改。如果有足够多的人复制和记录这一页账，之后，如果谁改了这个账本，大家把各自记录的账目拿出来对照，我们相信占多数的人保存的那个版本。”艾斯说。

艾斯有点明白背后的原理了，他接着说：“如果谁想涂改这一页账目，至少得改到半数以上才行。按刚才说的，如果过了100天，再要涂改100天前的这一页又不留痕迹，他得把每一天的每一页都改了。时间过得越久，后面的账页越来越多，他要改的账页就越多。”

他又说：“这个分布式记账的方法好！参与记账的人越多，要改动的地方越多。时间越久，要改动的页码数越多。两者相乘，难度大幅上升，给想搞破坏的人制造了大麻烦。”

“不过，只是制造了大麻烦还不够，得制造难以逾越的麻烦才行。”芬尼说，“坏人拥有的计算机算力远比好人多，因为他们会盗用很多人的计算机算力来搞破坏。一个黑客如果想把每个人存储的账本都改了，他还是有办法达到自己的目的。我们如何让最强的黑客也无法改动这个账本记录呢？”

光用分布式记账来实现公开透明还不够，我们还得用上别的方法。

芬尼的讲授：用挖矿来保护账本

那么，它是什么呢？看着小酒馆里最近疯狂运转和发热的计算机，艾斯突然明白了点什么。数字纪念币系统让这些计算机进行大量的计算，让它们进行计算比赛，这是在制造不可逾越的障碍。

“你是说，这个名为算力挖矿的计算比赛实际上是用来保护账本的方法？”艾斯问道。

芬尼回答说：“是的，数字纪念币网络里的计算机进行计算比赛正是为了保证账本的安全，使它被篡改的概率降到最低。一个东西放在保险柜里，黑客要进行很多计算才能破解密码。现在，一个账本就放在那儿，谁都可以看见。但无论谁要不留痕迹地涂改它，都要进行更大量的计算以在比赛中胜过其他所有参与者，这让黑客所需的计算量指数级飙升。”

“那么，它是怎么做的呢？”艾斯问。

“还是以你给小酒馆记账为例。之前记账时，你只要自告奋勇去记账获得记账权即可。我们现在改一下规则：你把账记好之后，还得当众举 1 000 次哑铃。”

“行吧，我举哑铃去。”艾斯不太情愿，但还是配合做了。

“要在 10 分钟之内举完哦。”芬尼说，“并且还有好几个人在跟你比赛举哑铃，谁先完成，谁才能获得记账权。”这就是计算

比赛。当然现在没有人跟艾斯竞争，他轻松地赢得了只有自己一个人参加的比赛。

艾斯气喘吁吁地说："看起来，在这个记账的世界里做个账房先生真不容易，不只要会算账，还得是个大力士。"

芬尼接着说："对应地，如果谁想偷偷涂改这一天的账目，不是改了就行，他也必须按规则举哑铃。如果他不按规则举哑铃，系统就不会承认，他想涂改的数据从一开始就会被拒之门外。"

"如果他想把 100 天前的账页改了，那么，他需要在极短的时间里，趁着大家还没发现的短时间里，把100天的哑铃都举一遍。区块链账本增加新的区块的时间间隔就是他用来举哑铃的所有时间，这几乎变成了一个不可能的任务。”

“总结一下，第一，这个黑客先要是个大力士，在极短的时间里举足够次数的哑铃。第二，这个黑客得是个神偷，能够攻破各种各样被严密保护的计算机。第三，这个黑客还得是个飞毛腿，他要在短时间里跑遍各个地方，还得跑很多回。”

“在这种规则下，黑客仍有可能偷偷涂改账页，但难度大大提高了。他还有一点可能性去涂改最近几天的账页，但时间过了很久的账页比如过了一两个星期的账页，在概率上他只有极小的可能性做出改动，我们可以认为它是万无一失的了。”

艾斯似乎听懂了，但还有疑问：“本来我就想帮忙记账而已，现在举哑铃都累晕了。即便不算我时间、精神上的损失，我已经渴得又喝了两大杯啤酒，成本不小呢。”

芬尼喜欢跟这样喜欢算账的人聊天，他平常接触的那些计算机工程师不是很喜欢算经济账。

芬尼认为，要理解中本聪设计的比特币系统，光靠计算机知识是不够的，至少得理解经济学鼻祖亚当·斯密说的调节市场的“看不见的手”——每个人都是为了自己的私利，但促进了公共福利。

“中本聪知道你的困惑，你这样的人不会像我们一样，纯粹为了好玩。我们设定的规则是，如果成功地记了账，你可以得到5杯啤酒兑换券。这弥补了你的损失，还让你有点额外的收获。现在，你愿意继续玩这个举哑铃的游戏吗？”

“这不错！”艾斯说，“我明天还来帮忙记账，记上几回，这个月喝酒就不用花钱了。”

芬尼说：“比特币系统正是按这种逻辑设计的，谁帮忙记账，谁就能得到一点点比特币奖励。比特币看起来没什么价值，但它还是有极其微小的价值的。我用笔记本电脑挖了一个星期，挖到1 000多个比特币，我想这能弥补我电脑的损耗。”

看着艾斯还在畅想接下来喝酒不用花钱，芬尼打断了他的美梦：“哈，别再幻想你能得到多少啤酒兑换券了。每天，你在这儿举哑铃的时候，在很多个包间里也有人在举哑铃。10分钟以内，如果有人比你更快地举完1 000次哑铃，他就是今天的记账人，得到这一天的啤酒兑换券。”

“我忘记还有竞争者了。”艾斯擦汗说。

在接下来的日子里，竞争者开始增多。有几天艾斯还是赢了举哑铃比赛，获得帮忙记账的权利，得到了啤酒兑换券。

在小酒馆的某个角落，中本聪偷偷地观察艾斯和其他人每天的举哑铃比赛，他觉得自己做出了聪明的设计——用奖励来激励人干活。中本聪最初设想的经济世界是类似于第一次工业革命之前的世界，一个人用家里的织布机织布卖了获得收入。很快，事情的发展超出了中本聪的设想。

艾斯发现了“漏洞”

连续好几天，艾斯在举哑铃比赛中都落败了。包间里的几个参赛者总赢，他们每天瓜分啤酒兑换券。

艾斯找机会偷偷去看了一眼包间。他惊讶地发现，包间里的那几个家伙根本没有自己举哑铃。他们请了头脑简单、力气大的大力士来举哑铃，有的还请了好几个。每次赢了啤酒券，他们自己留下一半，另一半给举哑铃的大力士。他们找到了规则的漏洞，规则并没有说必须参赛者自己举哑铃。

跟有大力士组队的参赛者比，艾斯自然没了胜算。

随着竞争的加剧，举哑铃的数量要求也上升了。最初，它只是缓慢上升，但随着这些参赛者都请好几个大力士来同时举哑铃，要求变成了 10 分钟内以最快速度举完 3 000 次、5 000 次。

举哑铃的要求已经涨到了艾斯想都不敢想的数量，他再也没有机会赢得比赛了。

在比特币挖矿中发生了同样的情形。中本聪本来设想的是，大家用自己的个人电脑多余的算力来比赛赢得比特币。但自从有人造出专用计算机即所谓的挖矿矿机后，普通人的个人电脑再也无法赢得比赛了。

对此，中本聪不是很开心，但也毫无办法。他设计的事物已经有了自己的生命逻辑，他也只能接受。比特币的计算挖矿比赛进入工业化大生产的时期。

接下来就不需要芬尼说什么了，艾斯自己开始摸索。

艾斯是算账高手，他发现，房间里那些家伙是精明的企业家，但他们也同样承担了一些经营风险。有时候，一天没赢到啤酒券，但大力士已经举过哑铃了，他们还是要给大力士 2.5 张啤酒券。如果 3 天能够赢两次，那么房间里的企业家将赢得 10 张啤酒券，给大力士 7.5 张，自己还有利润。但如果 3 天只赢了一次，那么他们要亏损 2.5 张。艾斯想，这很考验他们的经营能力和运气。

艾斯跟芬尼探讨一个设想："如果我做出来举哑铃的机器人，它比这些举哑铃的大力士还快 10 倍，这样我又可以赢了。即便算上机器人的成本和电费，利润空间还是蛮大的。"

"你这个思路很赞，值得试试。"芬尼说，"但你知道，大家会模仿你都用上举哑铃机器人，竞争会让你的利润回归到正常水平。"

艾斯说："是的。一旦都用机器人举哑铃，所有人都会飞快地升级机器人、增加机器人的数量。这样，每个人举哑铃的能力会快速提高。”

艾斯有点替小酒馆担心，“我们的机器人越来越强大，也许我们所有人加起来一天才花了半杯啤酒的成本，但可以赢得 5 杯啤酒。当然，这点啤酒倒不算什么，不值多少钱。”

“我想，麻烦的是，举哑铃机器人以 10 倍的速度进化。如果黑客用最快的机器人去快速计算和涂改账本，情况会不会变得很糟？原来黑客只有一千亿分之一的概率偷偷涂改账本。用了举哑铃机器人，黑客就有一亿分之一的概率偷偷涂改账本。随着机器人越来越强大，这个概率变成万分之一，这就有点危险了。”

“这里还有一条规则等着你呢！”芬尼说。

“你看，自从有人用了大力士之后，举哑铃的次数要求已经提升到了 10 分钟 5 000 次。每两周，我们会调整一下举哑铃比赛的难度。你们用了举哑铃机器人，原来 10 分钟每队举哑铃 5 000 次，现在机器人 1 分钟就可以举 5 000 次。按照预先设定的规则，举哑铃的次数要求会相应调整，但举完哑铃的时间还差不多是 10 分钟。调整之后，举哑铃的次数变成了 50 000 次。”

“只用了一个简单的调节规则，中本聪就扭转了整个局势。大家的举哑铃机器人进步了，举哑铃的难度会同步提高。系统的安全性没有受到影响。其实我们应该这么说，举哑铃的机器人越强大，系统越安全。”

芬尼感慨道：“这比我们密码学圈子只在技术一侧下功夫聪明多了。我们总是想发明更厉害的加密方法，接着发明更强的解密方法，再是更强的加密方法……而中本聪的设计是，用简单的规则让你们自己跟自己比赛。”

艾斯喜欢读中国的武侠小说，他冒出一句：“这是以彼之道，还施彼身。”

与芬尼一番探讨，艾斯有点明白了区块链账本的原理，它采用了技术和经济融合的方式来确保账本的安全性：

- 它用了独特的数据结构，是一环扣一环的链式数据结构。
- 它不是把秘密保存在保险箱里，而是让账本公开透明又持续增加，用这样的方式来保护它。
- 它采用的是大家一起记账的分布式记账来提高安全性，它让大家进行计算比赛争夺记账权，赢家获得经济奖励。
- 它用难度调节来应对计算设备的技术进步。计算设备的快速进步不是削弱账本的安全性，反而是加强账本的安全性。

芬尼和艾斯都比较关心区块链背后的技术和经济逻辑，他们也更关心它的原理是什么、它有什么用。但现实世界的逻辑比这复杂得多，事情的发展远远超出他们的预期。对接下来发生的事的最佳描述，是物理学家牛顿曾经说的一句话，他在1720年“南海泡沫事件”中损失了几乎所有的财富，他感慨道：“我可以计算天体运行的轨道，却无法计算人性的疯狂。”

小岛词典：信任协议

在出现之初，区块链即被认为能用来帮助原本相互不信任的人达成信任，它被称为“信任协议”（the trust protocol）。在互联网的技术术语中，协议通常指处于技术底层的软件代码。一直以来，互联网的基础协议是传输信息的万维网协议（WWW 协议），而区块链在它之外增加了一个可用于价值转移的新协议，它可以被称为“区块链信任协议”。它将取代过去我们达成信任以进行交易的各种方式。

计算机科学家寻找完全由计算机协调的信任协议的过程有三个主要的里程碑：第一个重要里程碑是，1997 年尼克·萨博提出“上帝协议”，即让计算机网络来做上帝这样的中间人的角色。第二个重要里程碑是，2005 年密码学家伊恩·格里格提出“三式记账法”的具体做法。第三个里程碑是，2008 年中本聪把寻找信任协议和数字货币的努力结合到一起，并编写代码将它实现。2009 年 1 月 3 日，比特币系统上线的这一刻，一个全新的信任协议即比特币区块链网络程序开始运转。在过去的 10 年中，在比特币这条区块链上，区块链技术被一再证明，它能完美地承担信任协议功能。一条区块链的参与者就像处在一个相互之间绝对信任的信任特区之中。

那么，“信任协议”究竟是什么？在计算机密码学中有这样的定义，协议是一系列步骤，它包括两方或多方，设计它的目的是要完成一项任务。信任协议正是一系列步骤，它让我们可以建立信任，完成交易。其实，如果不局限在计算机和互联网的层面，而把信任协议看成人与人达成信任的方式，人类社会发展的一条线索正是信任协议的演变过程。

最早，信任只存在家族成员或部落成员之间，除此之外概不信任。

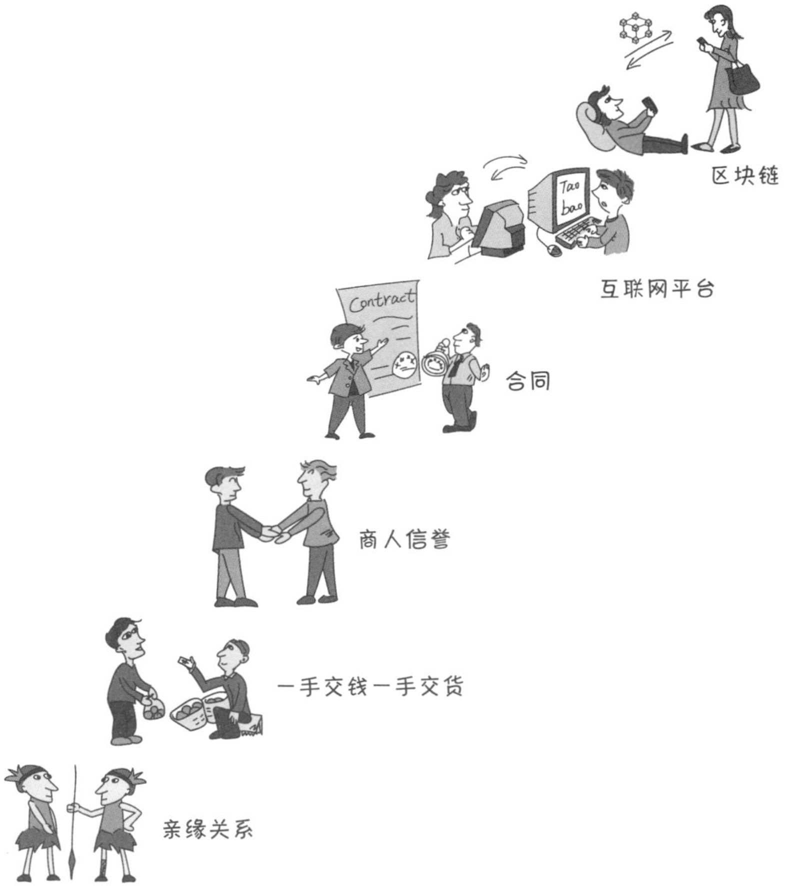
区块链
Tao
bao
互联网平台
Contract
合同
商人信誉
一手交钱一手交货
亲缘关系

逐渐地，人们在更大的范围进行商业交换。赶集时人们互相不认识，也不信任，这时的信任协议是一手交钱一手交货，概不赊欠。

随着交易的增多，交换双方形成基于时间累积而成的信任。比如商人总跟几家做生意，握个手就是承诺。这时的信任协议是商人的信誉。

随着交易的进一步增多，人们需要新的信任协议。比如在每年一次的药材交易市集中，买家、卖家相互熟悉了。信誉好的卖家说，今年的样品你看着满意，我稍后就把货给你送过去。但是，如果卖家不发货怎么办？发货的数量、质量不对怎么办？又或者，我们能否不来市场见面，而是一封信就完成采购呢？

合同这种信任协议就出现了。现代市场经济是围绕各种各样的合同展开的。

到了互联网时代，新的变化又发生了。不管个人去淘宝、天猫购物还是公司在阿里巴巴上采购，我们都会发现，现在双方很少会正式地签订一个合同。互联网平台在中间作保，它一边确认买方会付钱，一边确认卖方会按要求发货。一般来说，互联网平台有两个角色：一是信息中介，做信息匹配；二是信任中介，以某种方式做担保，协助买卖双方完成交易。互联网平台是我们当下最常打交道的信任协议。

现在，区块链又进一步升级互联网平台这个信任协议，成为最新一代信任协议。互联网平台在帮助买家和卖家达成信任、进行交易，互联网平台这样一个公司实体处在买家和卖家之间。而区块链的出现之所以可称为革命性变化，是因为一个完全由计算机和代码组成的区块链网络取代了一家家互联网平台公司。有了区块链，在数字世界中买家和卖家之间可以达成信任、进行交易，他们两者之间无须任何中间人。

现在人们往往认为，在数字世界中，互联网平台公司这样的中间人不可或缺，但在区块链为数字世界补上了一个全新的基础设施之后，计算机网络可以取代过去的中间人。这将进一步大幅降低现在我们建立信任的各种成本，一般来说，从需要人介入到不需要人介入，成本能下降到至少十分之一甚至会降到百分之一。

总之，区块链是新一代的信任协议，它又一次大幅扩展人与人建立信任的基本结构。我们可以把作为信任协议的区块链看成一种社会技术。它是合同、平台的替代，它类似于经济学所说的

“看不见的手”，协调人类的互动与合作。不同的是，市场经济机制是一种人类观念，而区块链是软件代码、计算机和参与者共同组成的计算机网络。也就是说，它不是一种新观念，而是一种新机器，因而它带来变化的方式会跟蒸汽机、电网、电话网、信息互联网这些机器很相似。

4

插曲：威纳湾的疯狂

比特岛上的人们造出越来越多的数字纪念币铸造计算机，运行这些机器几乎要耗尽整座岛的电力。

街头上，除了免费的数字纪念币水龙头，有人摆出了比特币这种数字纪念币的自动贩卖机，8 美元可以买到 1 000 个，即一个比特币的价格是 0.8 美分。对游客来说，这是一种物美价廉的特色纪念品，而贩卖机商人赚得盆满钵满。有人按电费折算过，每一个比特币消耗的电费大约是 0.08 美分，自动贩卖机中的售价已经涨了 10 倍。

威纳湾

有个家伙去威纳湾时，幸运地用一些比特币换了两个比萨吃。人们发现，比特币在岛外竟然也是有一点价值的。

但不久后，威纳湾传来让人惊讶的消息：在那儿的跳蚤市场，比特币的价格超过了 1 美分，超过了 1 美元，超过了 10 美元……

第一家数字纪念币交换所

在数字大陆的人的眼中，威纳湾是世界尽头。用记者保罗的

街头的比特币自动贩卖机

话说，它笼罩着孤注一掷、一夜暴富的氛围，一直是冒险家、创业者、游荡者的乐园。现在，威纳湾跟比特岛上的数字纪念币发生了奇特的关联，更加凸显它的这种气质。威纳湾将比特币这种数字纪念币的价格炒高了上千倍。

威纳湾出现了专门的数字纪念币交换所，最早的一家交换所是一个程序员开的，他曾经也在加密朋克小酒馆里挖矿。之前，他曾在威纳湾开过游戏卡交换所，游戏玩家在交换所买卖游戏道具。从岛上回来后，他把游戏卡交换所系统改造一番，在威纳湾港口的商业街上开了一家数字纪念币交换所——门头沟纪念币交换所，在这里可以进行比特币等各种数字纪念币的交换。

这比跳蚤市场方便多了，人们纷纷来这里买卖数字纪念币。这个交换所在每个交易中间作保，收取 20% 的费用。它还直接收购游客手上的数字纪念币再加价卖出去。游客们也很高兴能把自己手上的那几个数字纪念币出手换杯咖啡喝。

后来，这个交换所被一个名叫"魔法燕尾服先生"的人接手，他更有商业野心，大肆扩张。门头沟纪念币交换所在在威纳湾的商业主街建起了富丽堂皇的大厦。嗅到了金钱的味道，更多的纪念币交换所在威纳湾涌现。

比特币和区块链技术最早出现在比特岛，但在威纳湾围绕它们逐渐形成欣欣向荣的产业。一些不想去相对冷清的小岛的程序员、极客在威纳湾长住下来，沿着芬尼的路做区块链这种新型账本的开发。

和计算比赛相关的人现在自称从事的是数字时代的矿业，他们纷纷从比特岛来到威纳湾，这里电力充沛，比小岛好多了。他们制造专门用来参加计算比赛的机器即所谓的矿机，在临近海边潮汐发电厂的地方建立庞大的计算中心运行着以几十万台计的矿机。在这

威纳湾，未来之城

儿，他们可以把挖出来的比特币直接卖给交换所换成钱支付电费。

挣到最多账面财富的人还是那些炒买炒卖的人，各种数字纪念币价格暴涨，使他们的个人财富数字增加了好几个零。

威纳湾的海风中弥漫着财富的气息。

人们说，威纳湾是纽约和硅谷的合体，即技术和金融的合体。后来更有人大胆设想，比特币这种数字纪念币在未来会成为整个数字大陆通用的真正货币，威纳湾是纽约、硅谷、华盛顿的合体。

但一天早上人们醒来后发现，自己在门头沟纪念币交换所的

账户里的比特币消失了。

富丽堂皇的大厦被黑客攻入了。

隔了几个小时，这些被盗的比特币出现在黑市上，标价仅为每个1美分。

嘭！比特币的价格从十几美元一下子跌到了1美分。

几天前想着买辆豪华跑车的纪念币富豪，发现自己所有的财产加起来连一个轮毂都买不起了。

当泡沫被意外事件戳破，人们才发现原来很多东西被扭曲了。

新的纪念币与新的危机

威纳湾还将经历多次大起大落。起起落落间，威纳湾形成一个越来越大的跟区块链技术有关的产业。

少年天才维克是中本聪发明比特币之后加密朋克小酒馆的常客。他曾是报道比特币的知名记者，也是一位技术高手。他游历整个数字大陆，遍见热衷于此的同人们。最终，他选择定居在威纳湾。在这儿，他蜕变成新一代区块链技术领袖，建立了后来能与比特币网络抗衡的以太坊区块链。

与比特币网络主要功能是一个铸造数字纪念币的系统不同，以太坊虽然也有自己的纪念币，但维克的目标是让它成为一个可以运行智能合约和去中心化应用的平台。他想造的是一台“世界计算机”。维克比所有人更早意识到，在区块链账本上，可以有各种各样的应用——金融的、半金融的、非金融的。

从威纳湾的一间阁楼起步，以太坊现在已经在海边有了庞大的独立园区。在那儿，有研发中心，有报告厅，还有专门为外部开发者准备的联合办公室。

以太坊也是区块链人才的温床，早年不少人离开它后又创立了新的区块链技术项目。

维克有点像新一代的中本聪，同样是融合技术逻辑和经济逻辑方面的高手，相对而言他更痴迷于技术。但与中本聪不同的是，维克对于自己所创造的事物带来的潜在影响，远没有那么清醒的认识。

历史总是一次次重复，以意想不到的方式。

曾经有一段时间，人们认为，区块链上记录的数字纪念币最重要的功能是募资，这正是维克意料之外的“杰作”。最终，他和他创造的以太坊深受其伤。

让我们从头说起。以太坊最早创造了募集数字纪念币来做项目发展资金的做法。在阁楼时期，为了开发以太坊，维克在比特岛和威纳湾进行了一轮募资。维克获得了不少当时已经有价值的比特币，他用这笔资金带领团队开发以太坊区块链。

作为回报，维克将以太币换给投资者。大家乐观地认为，随着以太坊世界计算机的目标变成现实，以太币也将变得越来越值钱。他们在一定程度上是对的。

经历了一段危机和分裂的插曲，以太坊的团队持续扩大，并搬到了更大的办公楼。以太坊募来的比特币可以慢慢地换成现金，用来付房租、付工资，最终把梦想变成现实。

出乎所有人意料的是，比特币价格暴跌。这导致以太坊团队的资金危机——团队本来以为可以用来支持日常开支的比特币价值大幅缩水。维克不得不压缩开支，从办公楼重新搬回阁楼。他们靠着支持者的慷慨捐赠熬过了最艰难的时期。

可惜，人类的记忆是短暂的。

有人发现，原来能用这个模式筹集到资金去开发有意思的区块链技术项目。他们把以太坊的众筹当成模板。他们还把以太坊作为融资的平台，他们用自己项目未来的权益表示物——用以太坊上智能合约编写的项目代币（Token）——换取以太币。他们承诺将努力开发自己的项目。

最初一切还算正常。但当这些项目代币出现在纪念币交换所并有了涨涨跌跌的价格后，泡沫被吹起来了。项目代币价格暴涨，引发以太币的暴涨。暴涨吸引了很多的外部资金，市场形成一个越吹越大的虚假泡沫——项目代币价格上涨，以太币上涨，项目代币价格上涨，以太币上涨……

有不少本想好好做事的项目，参照类似的方式募集发展所需的资金。只是在这时，他们募集的已是价格已经高度泡沫化的以太币。

紧接着，当有些人发现凭借一个概念就能融资，并通过炒高自己项目代币的价格让前期的人几倍、几十倍地获利，于是胆大包天的冒险家和十足的骗子纷纷涌入。描绘起未来远景，他们可比前面那些技术人员厉害多了，他们可以把普通的技术项目说得天花乱坠。

泡沫越来越大。

嘭！泡沫破灭！以太币价格暴跌！比特币价格暴跌！

那些想做事的项目团队遇到的情况和维克曾经遇到的一模一样，他们可用的资金大量缩水，想做事却没有运营资金。

那些欺骗性的项目快速归零。

人们备感失望，甚至不愿意再使用代币这个词。他们重新把以太坊上发行的同质或非同质的代币命名为“通证”（Token）——新的名字、新的含义、新的逻辑、新的未来。

比特币全球货币的梦想被暂时放下了。

后来，来自硅谷的一家商业科技巨头曾再次短暂激发起这种梦想。它在威纳湾设立新总部，依托自己庞大的用户群体想要发行新的全球货币。人们幻想，威纳湾还将成为未来的华盛顿。在华盛顿，美联储发行实际的全球货币——美元；在未来的华盛顿，数字时代的全球货币将在这里发行。

可惜的是，这家商业科技巨头显然准备不足，它的梦想被旧势力打压，老华盛顿大胜未来华盛顿。走势是一样的，快速到达顶峰，然后掉落谷底，再极其缓慢地爬升。

威纳湾的大起大落是区块链发展的写照，区块链的泡沫比过去每一次技术带来的泡沫都更大，破灭得也更剧烈。每一次狂涨与下跌都像是全然的重生。

历史上的其他技术都会经历漫长的发展过程，小范围试点然后再被广泛地运用。历次工业革命中的内燃机、电力、计算机是这样，信息技术浪潮中的大数据、云计算、人工智能也是这样。

过去，那些和产业结合紧密的技术，如互联网等与资本联系更紧密，也曾经历早期的美好设想、中期的低落、重新上升的过程，这是加德纳技术泡沫曲线所描绘的。但是，由于区块链中的比特币等在很早期就有了价格，技术与产业的起伏因而变得更为剧烈。金融和技术、产业叠加使很多现象跟过去不太一样了。

美好的设想总会变成巨大的泡沫，价格也会暴涨。之后，设想破灭后，价格会暴跌，旧设想会被彻底扫除。

再之后，新的设想孕育，新的泡沫再次破灭……

价格的信号激发人性的冲动，区块链的迭代更激烈，周期也短得多。

在新一轮的泡沫破灭之前，威纳湾的人们曾经希望这里取代纽约、取代硅谷、取代华盛顿。在泡沫破灭后，人们发现，建在沙滩上的那些大厦消失了，只有少数建在坚固地基上的尚在。

威纳湾这几年的短暂疯狂变成了一个插曲。

这些插曲并非完全的坏事。经过了泡沫的洗礼，威纳湾吸引了很多人才与资金，稍后，我们将看到很多区块链应用实验在威纳湾展开。

威纳湾，依然是未来之城。

5

小岛上的货币实验在继续

威纳湾的疯狂导致纪念币价格暴涨暴跌，这给比特岛造成了一些困扰，但总的来说影响并不太大。比特岛的技术极客不怎么关心账面上财富数字的涨跌，他们着迷于找到难题的最佳解答。在比特岛上，他们继续各种各样的实验，其中最引人瞩目的是用数字纪念币进行支付。

接受纪念币支付

比特岛通行的货币是比特岛元（BitIsland Dollar），且现在每一个比特岛元严格等于数字大陆上的1美元。每印制出1比特岛元，比特岛市政厅金库里就必须同时存放有1美元。在故事里，我们也简单地把1比特岛元称为1美元。

数字纪念币盛行后，咖啡馆的老板们发现，接受游客用纪念币兑换饮品能吸引人流。很多咖啡馆门口的牌子从最早的“喝咖啡送比特币”变成了“欢迎尝鲜，有比特币钱包地址即可免费获得一杯咖啡”。

现在，很多咖啡馆进门处贴上了“接受比特币支付”（BTC Accepted）的贴纸，它跟原来写着接受维萨卡、万事达卡，接受支付宝、微信支付的贴纸排成一排。

但一个小麻烦是，比特币的价格变得太快了。隔段时间，咖啡馆老板们就不得重印一次菜单。岛上咖啡馆的一杯卡布奇诺咖啡是 4 美元。最初在街头贩卖机 8 美元兑换 1 000 个比特币时，这些咖啡馆在菜单上印着：卡布奇诺咖啡，4 美元，500 个比特币。

没几个月，他们不得不重印菜单，因为比特币价格涨得太快了。菜单变成：卡布奇诺咖啡，4 美元，4 个比特币。很快又变成：卡布奇诺咖啡，4 美元，0.04 个比特币。

比特币价格变化实在太频繁，各家咖啡馆都把菜单上的比特币价格去掉，让店员收钱时实时折算：“女士，你这杯咖啡 4 美元，现在比特币的价格是 835.2 美元，请付 0.004789 个比特币，请扫码转账到这个钱包地址。”除了爱尝鲜的人，很少有人愿意如此麻烦，接受比特币支付终究未能在岛上商家普及开来。

只有商人做生意时偶尔愿意用比特币或维克开发的以太币来

计价。比如，有人想众筹开一家特色咖啡馆，大家会用比特币来付投资款，你投 100 个比特币我投 50 个比特币。

比特岛的人们没有放弃，他们始终在想，如何才能让数字纪念币用于日常支付呢？

一家老牌连锁咖啡馆大咖堂宣布，它将推出一种独特的纪念币，叫"咖元"（Coffee Dollar）。它宣称已在岛上的一家银行存了美元，因此每 1 咖元永远价值 1 美元。它并未告诉大家这家银行的名字，只是说"请相信我"。

大咖堂的连锁咖啡馆均开始接受咖元支付。人们可以用比特岛元、美元、比特币或者其他有价格的纪念币兑换咖元，然后在咖啡馆消费。

大咖堂最早一批只发行了 10 万咖元。这是公开透明的，它采用的是比特币区块链账本，因此谁都能去查证这个数量。但在区块链上只能看到咖元的发行量，人们还是心存疑虑，大咖堂真的存了美元在银行吗？有好事者去银行查询，各家银行以保护客户隐私为由不予回应。

大咖堂在岛上的众多咖啡馆每天营业额有几万美元，10 万咖元并不算什么大金额，因此人们也没再继续质疑。

的确，比起用比特币支付，用咖元支付方便多了，小岛上的咖啡馆、餐厅纷纷加入。街头还出现了专门的咖元兑换店，它们从大咖堂批发来咖元兑换给游客，它们也从咖啡馆收取咖元卖出获得差价。

一年过去了，不知不觉间大咖堂发行的咖元膨胀到了几亿美元，远超过比特岛所有咖啡馆、餐厅的全年销售额。

人们的疑虑再次涌上来：每1咖元真的在银行存有对应的美元吗？如果有，它又是存在哪家银行呢？大咖堂宣称，那些美元现在存放在数字大陆上一家备受尊重的银行里，但因为安全和商业机密的原因不予披露。

有人暗暗担心，咖元也许会随时崩盘。咖元就是这样一个矛盾的存在，咖啡馆商家和消费者都用得很方便，但又担心它可能出问题。“大咖堂是可信的吗？”这个疑问始终笼罩在咖元上。

激进又温和的实验

加密朋克小酒馆的那些技术极客更是觉得这是个有趣的悖论。他们参与发明的比特币与区块链是为了去掉对某个中心化机构的依赖，偏偏圈内所有人都爱用的咖元是完全建立在对大咖堂的无条件信任上的。

面对这样的情形，小岛上一群怀有理想主义的数字居民，准备进行一项激进又温和的实验。他们坚持这样的理念：最好的信任不是让你相信我，而是你可以自行验证我是可信的，同时你可以确信自己的利益有百分之百的保障。

他们是几家咖啡馆的老板，因最早参与小酒馆比特币挖矿和交易，他们手上有大量的比特币。他们联合 20 家商家组成一个李贝联盟，准备发行一种名叫“李贝”的新纪念币，让小岛提前迈入数字货币时代。

每一个李贝，将严格等于 1 美元，他们承诺，每一个李贝有足够的比特币价值作为支撑，这些比特币将被移交到公开托管地址，每个人都可以查询确认。

因此对于李贝，人们不用相信，而是可以去查证。对比而言，对于大咖堂的咖元，人们只能相信它对应的美元储备确实被存放在某家银行。

这个实验很激进，因为多数人还是认为或更愿意相信，如果要把一个纪念币当成社区货币来使用，它背后应当有足额的美元

作为支撑。李贝以比特币作为价值支撑，那么比特币价格大幅涨跌时会影响它吗？更何况，对比特币是不是真的有价值现在还有很多的争论，如果它的价格归零，李贝的价格是不是也归零？有人批评说，他们这是在还不确定是否坚实的地基上建设大厦。

这个实验又很温和。他们留足了空间，努力把这个数字货币支付实验限定在较为安全的范围内，确保商家与消费者无须担心自己手上的李贝归零。

他们把李贝总体发行规模限定在最多不超过 1 亿美元。即便比特币价格极端波动，李贝出现无法抗拒的风险而崩塌，也不至于对小岛的经济产生多大的冲击。

作为创始成员，他们每家认购了 1 000 个比特币的股份，这笔资金将作为李贝联盟的运营资金。虽名为股东，但创始成员在联盟中的资格类似于早年维萨卡联盟的成员，即仅是参与权并无所有权。在退出创始成员资格时，他们可按一定规则拿回自己的投资款项。

同时，为了进行这个理想主义的实验，他们同意拿出相当数量的比特币作为价值担保，由于比特币价格暴涨，他们有足够的账面财富。他们提供了李贝总额 50% 的担保，预先公开冻结了共 10 万个比特币，按照每个 500 美元的测算价格即 5 000 万美元。这是过去 6 个月的平均价值，由于这时比特币的价格比它高不少，因此他们预先提供的担保远超过 50%。

联盟的 20 个创始成员分别又用 1 万个比特币认购了 500 万李贝，价格用的也是过去 6 个月的比特币均价即 500 美元，这样在联盟创建的时刻，所有李贝都发行出去了，再也不会有新增发行。当前一周比特币的平均价格大约在每个 800 美元，通过这种方式，他们每家又相当于额外为联盟和这个货

币支付实验做了一笔无偿捐助。除此之外，创始成员还捐助了各类设备、软件等。

这个李贝联盟不会登记成为银行，但所有创始成员承诺将按照银行的标准来管理资金和投资业务。

这是一个财力雄厚又怀有理想主义的实验。一切都是按照最安全的设计安排的。但当这家联盟开始运作时，挑战接踵而来。

最初的挑战不大，创始成员采取种种措施让人们知道李贝的可信度。创始成员之外的很多咖啡馆接受了李贝支付，把它和咖元并列。

有几个开连锁咖啡馆的创始成员，将自己认购的李贝在店里售出，回笼了部分资金。有的顾客用美元换李贝，也有的用比特币来换李贝。

这带来了一个意外的争议。

这段时间，由于比特币价格大幅下跌，有创始成员甚至兑换回数量比自己付出的还多的比特币。有一家咖啡馆原本花 10 000 个比特币从联盟兑换了 500 万李贝，由于比特币价格跌到每个 400 美元，当它把李贝卖给顾客时，总共回收了 12 500 个比特币。

这引起了争议：无商不奸！

这家创始成员咖啡馆更委屈，比特币价格跌势不止，如果按美元计价，它实际上承受着损失。

也有的人认为，这是价格波动下正常的商业行为。它的售卖行为使李贝进入流通市场，让更多人用它来支付，促进了李贝的普及应用。

最终，这个创始成员主动将多出来的 2 500 个比特币捐赠给联盟，平息了争议。

对于这样一群有理想主义的联盟创始成员，处理商业问题甚至道德争议并不难。更微妙的难题来自那些他们不熟悉的宏观领域与货币领域。

当比特币价格下跌，原本热情签约的承销商不但不愿意用自己的比特币来购买李贝以提供兑换服务，反而一股脑地把手中的李贝卖回联盟，获得利润。市场上可供使用的李贝不足，而作为一种支付货币，流通量不足就无从谈什么普及应用。

当比特币价格再次上涨后，签约的承销商又回来了，他们拿出大量的比特币要兑换李贝，一周的兑换额度超过了原本联盟设定的每周限额。联盟不得不开会，讨论是否要调整限额，联盟担心兑换回来的比特币会再次暴跌，导致联盟的资产受损。他们也开始怀疑，最初一下子将所有李贝兑换给创始成员，承诺不再新增发行是不是合理的决策。

过去，他们也曾私下嘲笑各个国家的中央银行的银行家只干最简单的事、说模糊的话，但当他们做了这么一个小小的实验时，立刻发现原来中央银行的银行家要考虑太多的问题。

幸运的是，这个李贝联盟由一群谨慎又无私的人管理着。因此，虽然李贝在比特岛的普及并不快，但终究平稳安全地运转着，它成为咖啡馆等商家接受的几种支付货币之一。

现在，在这个数字小岛上有三种广为接受的通行货币：市政厅发行的比特岛元、多数人相信但总担心出问题的咖元和新兴的李贝。

小岛词典：结算平台

区块链是源自比特币的技术，但它不一定只能用于最初设想的货币。如果把区块链看成一项基础性的信息技术，它有更丰富的应用场景。

我们常用 4 个词来回答“区块链是什么”这个问题：

- 区块链是世界账本。
- 区块链是事实机器。
- 区块链是信任协议。
- 区块链是结算平台。

相应地，“区块链有什么用”这个问题的答案也可以分成4个层次：

- 区块链可以做确权工具。
- 区块链可以做存证平台。
- 区块链可以做通证经济激励。
- 区块链可用作金融网络。

小岛上所进行的李贝支付实验即区块链在发挥金融网络的作用，做发行、支付、托管的工具。区块链是一个可编程的、无人化的结算平台。在《区块链革命》一书中，数字经济学家唐·塔普斯科特（Don Tapscott）把区块链看成一种数字化清算结算技术，在数字化时代，商业、贸易和经济都需要它。

清算结算是完成钱的移动，即所谓的价值转移。我从自己的支付宝账户转100块钱到你的账户时，支付宝帮我们做的是，从我的账号里减少100元，在你的账号里增加100元。支付宝帮我们完成“钱的搬运”，它是钱的搬运工。

在比特币系统里，我能从我的地址直接转比特币给你，比特

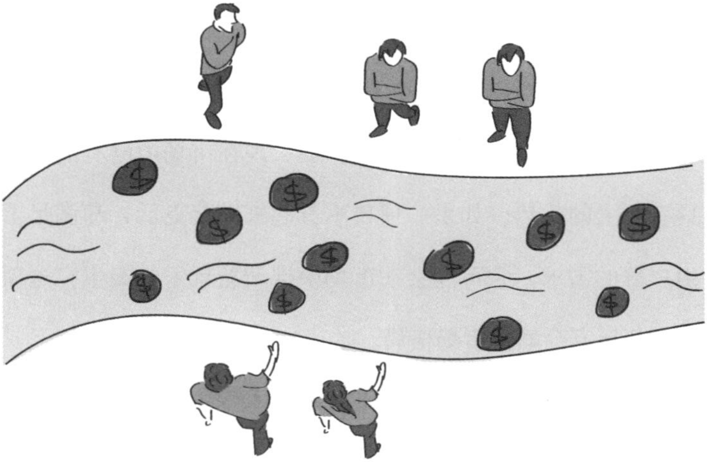

作为结算平台的区块链：价值流动的网络

币区块链帮我们完成了钱的搬运。它的独特之处在于，与支付宝是一家庞大的公司不同，比特币系统是一些代码，没有公司总部管理它，它不属于任何人。

现在，人们常有这样的疑问：比特币区块链系统作为结算平台看起来并没有多大优势，它能做的事情现在的银行卡、移动支付不是做得更好吗？

一个看起来总体性能更差的技术会给现在性能很好且很方便使用的技术形成冲击吗？是的，这正是所谓的颠覆性创新技术的变革路径，而区块链正是这样的技术。

多年前，哈佛商学院教授克莱顿·克里斯坦森（Clayton Christensen）提出了颠覆性创新理论。颠覆性创新理论认为，如果一项技术是对现有技术的改进，那么现在市场中已有的主要玩家具有更大的优势。如果一项技术看起来性能更低，却满足了更大用户群的需求，它可能会在市场中推动新玩家的诞生，这项新技术和新玩家会颠覆市场格局。

互联网的发展史有着太多这样的技术变革史。网上的新闻最初是低端的，远逊于报纸与杂志上的。现在，人们已经几乎只在手机上看“新闻”了。新闻二字加引号是因为，我们现在都无法确认社交网络、资讯平台的那些信息是否属于新闻。最初，网上购物只能买到商场里摆不上台面的商品，现在那些商品多数还是没资格出现在大型购物中心一楼主要的店铺中，但这并不妨碍网络购物成为人们的主要购物方式。

克里斯坦森认为，颠覆性技术有两种进入市场的方式：低端市场颠覆性创新与新市场颠覆性创新。低端市场颠覆性创新指的是，当下的主流产品总体性能太高（相应的成本也更高），而低端用户只想要某单一性能更好的、相应的价格也较低的产品。新市场颠覆性创新指的是，新技术满足的是“非顾客”，所谓的非顾客指被当下产业中的主流公司主动忽略的客户群，这些公司认为给他们提供产品在商业上无利可图。网上购物是低端市场颠覆性创新和新市场颠覆性创新混合形成的结果。

尽管总体性能可能不足，但颠覆性技术一面在某一性能上超快速地改进，一面从不那么重要的市场（低端市场 / 新市场）开始向上进攻。利用颠覆性技术的新玩家最初常被忽视，最终却有很大的机会颠覆市场中主要玩家的地位。

现在看，作为结算平台的区块链正是这样的颠覆性创新技术。它在整体性能上不如现在银行等金融机构使用的系统，但在某几个单一方面又远远超越。最值得关注的是，它有着颠覆性创新技术典型的性能改进曲线——在这些方面，它的性能改进曲线非常陡峭。

作为一个价值流动的新渠道，区块链极大地降低了人与人之间进行价值转移的复杂性。你要转钱，银行、支付宝都可以帮助你，但你要转其他一些有价值的事物它们就不支持了。区块链能移动的价值的范围远远超出了金钱，它甚至可以扩展到积分、征信数据、病历、证书、房产等各种有价值的事物。在区块链上进行结算的可不一定是“钱”，它可以是任何有价值的事物，不管是价值很小还是价值很大。当我们要转移现金、股票等现在的资产时，现在的金融机构处理得很好，而区块链并无优势，但在那些它们主动忽视的市场上，区块链技术大有用武之地。

如果考虑到区块链上的智能合约功能，你会发现，区块链是一个在可编程方面性能好得多的结算平台。比方说，支付宝现在也有了信用卡早就有的循环支付功能，你能用支付宝付费订阅优酷的会员，每个月自动支付订阅费。但是，如果支付宝和优酷没有达成循环支付的合作，这就无法实现。区块链是一个可编程的结算平台，我们用户可以自己编写一个智能合约，不必受制于平台让我们做什么、不让我们做什么。

最初，智能合约的功能也许只能用在不那么重要的低端市场或者主流企业忽视的非顾客。但随着智能合约的快速改进，它终有一天会进化到也能适用于主流市场。

总之，作为结算平台的区块链是典型的颠覆性创新技术，它有有着无限的潜力，它能用来进行资金、资产或者任何有价值的东西的清算结算，它用智能合约实现了独特的可编程特性。利用区块链技术，我们能把原来只有银行和金融系统用的清算结算平台扩展到整个经济与商业领域。

PART 2

区块链应用

6

比特岛霸王蟹溯源

比特岛吸引大量游客，除了它有独特的海滩自然风光和数字人文景观，还因为它有美味的比特岛霸王蟹——一种比特岛独有的霸王蟹品种。别的海岛虽然也有霸王蟹，它们看起来样子差不多，但美食家一致认为，只有比特岛霸王蟹才是顶级的。

在比特岛和威纳湾刚开始贸易的时期，一只比特岛霸王蟹甚至能换到一船面粉。现在，数字大陆的消费者对比特岛霸王蟹的需求强烈，比特岛北部的海湾开辟成了大片的养殖场。

比特岛霸王蟹的敌人

比特岛有一个半官方、半商业的机构叫比特渔务局，占据小岛经济近三分之一体量的比特岛霸王蟹产业由它统筹协调。它并非比特岛市政厅的政府部门，而是一个半官半商的产业联盟。威纳湾的商人在渔务局也占有席位，因为现在比特岛霸王蟹是通过威纳湾卖遍整个数字大陆的。

比特岛霸王蟹也进入电商时代，现在它的主要销售渠道是电商平台，电商平台的专门运输链条使活的霸王蟹可以从比特岛养殖场直接到餐桌。

比特渔务局作为产业的管理者主要有两件任务：一是在数字大陆推广比特岛霸王蟹，二是采取各种措施确保销往各地的比特岛霸王蟹是正宗的。

比特渔务局的主要敌人是假冒者，有人会拿别的岛的霸王蟹来以次充好。毕竟看起来同样的蟹，价格相差三四倍，有暴利就有造假者。

鲜活的比特岛霸王蟹在运输时要确保温度在 0 至 4 度之间，有偷工减料的运输业者会用冷冻再解冻的方式来运输，这会一下子把比特岛霸王蟹降到普通霸王蟹的口感。

比特渔务局想尽办法来对霸王蟹进行全流程监控。

十来年前，渔务局就向合格的养殖商颁发塑料的防伪圈，它被绑在每只霸王蟹的蟹钳上可做鉴别真伪的标识。渔务局后来又开发了更难以伪造的防伪圈。进入互联网时代后，每个防伪圈带有一个独一无二的编号，消费者可以到比特渔务局的官网查询验证。最新的防伪圈能自动上传信息到云端，无须通过任何人工干预。

现在，技术的进步已经使渔务局可以做到全程监控每只比特岛霸王蟹从捕捞到餐桌的轨迹。为了让消费者吃到美味的比特岛霸王蟹，在过去这些年里，渔务局已经把技术用到了极致，这一只只比特岛霸王蟹都被过度保护了。只有比特渔务局这样只强调品质、不以营利为目的的机构才会这样做。

现在的电子防伪圈不断地报告这只霸王蟹的状况，消费者随时可以上网查询，看自己订单中那只比特岛霸王蟹到了哪里。

比特岛霸王蟹产业链达到了人们所设想的实体与数字融合的

完美状态：物品在地面上移动，相伴随的信息在数字空间中相应移动，物品与信息、实体空间与数字空间完美对应。

唯一的漏洞是……

一切很完美，但有一个漏洞。渔务局的首席执行官菲舍最了解这一点，他甚至为此几乎每天睡不着觉。总是困扰菲舍的事是：他的渔务局帮整个产业链上的几十万人保管着数据。数据的担子太重，这让他忧虑。

原本行业中各方都各自保存数据，数据现在却逐渐地被汇集到渔务局的数据中心。万一它的数据出现问题，在途的几十万只霸王蟹难以进行确认；万一数据出现问题，各家公司的供应链融资出现大混乱；万一……

各家商业公司的自身运作甚至都完全依赖渔务局的数据库。威纳湾的一家主营霸王蟹相关业务的公司上市 IPO 时，审计员主要的原始材料竟然是渔务局的数据记录。从几年前开始，菲舍不得不要起了花招，宣布渔务局将只保存 5 年内的数据，试图迫使产业链各方承担起各自的数据责任，但成效不彰。

当很多人看到区块链是一种不可篡改的账本，认为它可以用来进行产品溯源时，菲舍也发现了区块链技术的潜力。他认为这是他梦寐以求的新技术。但他的看法与多数人略有不同。在他看来，对溯源这个问题，渔务局历年来累积的管理措施和技术系统已经解决得很好。他想用区块链技术卸下他肩头的数据重担。

菲舍马上行动起来。

半威逼、半利诱，菲舍以比特岛霸王蟹供货的条件拉着威纳湾的海鲜贸易公司、运输企业、零售超市，也得到了大型电商巨头的支持，大家一起用区块链改造现有的全球比特岛霸王蟹信息系统。借着大家对区块链这项新技术的憧憬，菲舍成功地启动了项目。

菲舍邀请加密朋克小酒馆的技术高手加盟助阵，参照比特币区块链网络建设了一条“比特岛霸王蟹区块链”。各方都建起了分布式网络需要的节点，一起保障这条区块链上账本的安全。

当菲舍去市政厅汇报这个新项目时，市议员提了很多问题。

“你是说用区块链溯源吗？”

为避免多做解释，菲舍假装同意了。他的新系统跟其他区块链溯源并不太一样，但他的确是将之用在现在已经很完美的霸王

菲舍

蟹溯源系统上了。

“那么，你怎么解决原始信息是假的问题呢？你提议的区块链系统怎么确保最初记录到链上的信息是真的呢？”人们总有这样的疑问。

菲舍礼貌地回答：“市议员先生，不用区块链时这就已不是问题。通过对养殖场的管理、物联网设备的应用、多重数据的校验，我们早就有了完美的技术解决方案。再加上管理措施、技术系统、商业规则等，我们已经解决了这个问题。”

“至于其他海岛的仿冒防伪圈问题，几十年前曾经是一大难题，但现在已经无法假冒了。我们早已经完美解决了比特岛霸王蟹原始信息的真实性问题。我提议的全球比特岛霸王蟹区块链能让我们更好地进行数据管理。”菲舍用含义模糊的词句应答。

那么，菲舍究竟想用这个新建的区块链网络做什么呢？

菲舍设计的功能其实非常简单：在这个区块链上，只是简单地记录的确存在某个交易。与过去不同的是，过去所有的数据都存在渔务局的数据中心，现在，菲舍要求各方自己保存数据，而仅用区块链来公开存储经各方认可的交易凭条。这个交易是各方均一致同意的，因而是无可辩驳的。

这条霸王蟹区块链网络大体上是这样运行的：

首先，比特岛的养殖场可以申请区块链上的霸王蟹凭证。渔务局按照申请将一定数量的霸王蟹凭证从自己的钱包地址发送到养殖场的钱包地址。

其次，当养殖场给霸王蟹贴上电子防伪标签，并发往威纳湾的贸易公司时，这个凭证被转到贸易公司的钱包地址。

再次，贸易公司将霸王蟹再运输给下一家时，它继续把这个凭证转下去。

最终，当消费者拿到霸王蟹时，凭证就被转移到他的钱包地址。他可以用自己已有的钱包地址接受凭证，也可以用一个即时生成的新钱包地址去接受凭证，多数消费者选择后者。

霸王蟹在实体世界中流动，它的凭证在数字空间中流动。另外，在这个过程中，任何一方收到一只有问题的霸王蟹时，均将这个霸王蟹凭证转入特别地址，这意味着它将停止流转。

这个比特岛霸王蟹区块链的账本是公开的，任何人都可以在其上校验、追踪霸王蟹的信息。在超市的水产池边，如果感兴趣的话，你可以拿出手机查询每只霸王蟹是怎么运送过来的。当然，这么说有点夸张，因为霸王蟹区块链只确认和记录凭证从一个钱包地址转移到另一个钱包地址，提供查询的工具需要自行综合各种数据，才能组合出普通人看得懂的查询结果。

在菲舍看来，最妙的是，有了这个区块链网络之后，渔务局自己几乎实际上可以不再存储任何数据了。各方存储着自己的数据，按要求把交易的凭条发布在区块链上，被最终记录下来的凭条是不可抵赖的。

很快，渔务局把自己要存储的唯一数据也委托给了他人，即它不再单独处理某笔新霸王蟹的申请，而是每年把一定数量的新

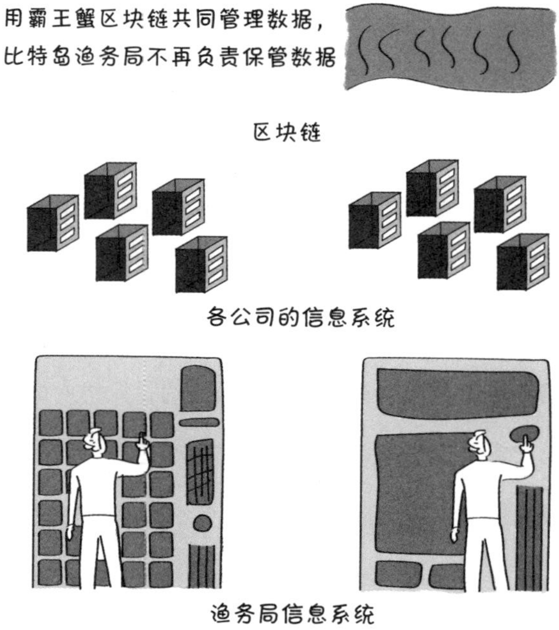

蟹凭证交给新成立的登记中心公司，这是一家第三方商业公司，按渔务局的委托完成相关任务。

自此，渔务局要做的仅是运行几个区块链网络的节点，保障账本的安全。

当然，在区块链网络运转的最初几年，渔务局原先的数据系统还同步运转着。这并无必要，这样做主要是为了消除大众的担心——万一出现问题，我们还能像原来那样去查询数据。

其实，在区块链网络运行起来那一刻，它就完全接过了查询和确认数据的任务。渔务局原先的数据系统早就可以安全地关闭了。如菲舍所愿，产业链上的各方承担起自行存储数据的责任。

通过建立一条平行的比特岛霸王蟹区块链，渔务局成功地消除了自己这个中心。神奇的是，整个霸王蟹溯源系统仍能正常运转，甚至运转得更好。原本庞大的、被认为不可或缺的渔务局数据系统和信息系统一下子变得极其简单。

渔务局把自己身上的数据担子卸掉了。菲舍也觉得自己浑身轻松。他感叹，想不到我们还有机会一身轻松地迎接数字时代。

小岛词典：平行的链——区块链应用的典型模式

在原理上，区块链是用分布式计算与密码学建立一个保存交易明细凭条的公开账本。在应用时，我们也发现，区块链应用的典型模式是与之匹配的，建立一条独立于所有参与方、与原有的数据库等平行的区块链，用它的交易明细账本来进行数字财产的

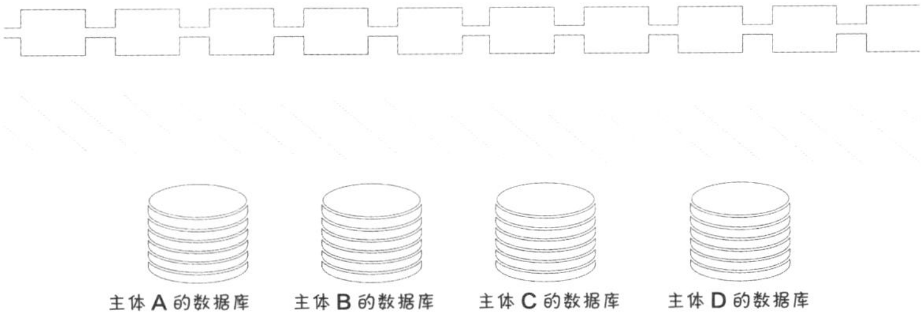

平行的链：区块链应用的典型模式

确权、授权及价值转移交易。

区块链的这种典型应用模式可称为“平行的链”：应用区块链不是改变现有的数据存储方式，更不是把数据存储到链上去，而是建立一条与现有的数据存储机制并行的区块链，让它按照时间顺序记下不可篡改的交易明细（详细或简略、公开或加密均可）。

相较于现有的数据存储机制造出众多的信息孤岛，这样的平行的链是把各方连到一起，它运行于众多相互不信任、相互没有管辖关系的商业主体之间。同时，建设这样的平行的链，我们无须变动现有的数据存储机制，这一点使得新系统比较容易推进。

平行的链虽然也有某种数据记录功能，但它带来的变化主要是记录之后可用的功能：它的记录不可篡改、易于查证，它能做到记录即确权，它的记录即交易。因此，基于区块链的记录将会出现众多的价值交换应用。这与信息互联网的发展模式是一致的，信息互联网出现了信息记录的功能，然后基于它衍生出众多的信息交换服务如新闻、社交、电商等。

平行的网、平行的链是数字变革的典型模式。互联网平台已有的经验是，在原有的产业实体之外，在数字世界中建一个平行的业务平台，从而重构产业的结构。在网络零售行业，阿里巴巴建立了淘宝、天猫。在支付行业，它在银行之外推出了支付宝。在旅游行业，携程等建立了在线预订业务（OTA）。在内容资讯行业，互联网公司建立了门户、新闻App、视频网站等。打车出行出现了滴滴、优步等公司。餐饮与城市生活服务出现了大众点评、美团、饿了么等互联网平台型公司。这些互联网平台都是与线下产业平行的。

类似地，我们将会看到，区块链的应用模式将是在有了可信的交易明细记录后，在其上建起新的价值交换的业务平台。我们认为，“平行的链”将是确权工具、存证平台、通证经济激励、金融网络等各层次区块链应用的典型模式。

菲舍的经验之谈：如何有效运用一项新技术

一天，菲舍跟他在比特岛市政厅的同事分享了使用区块链的经验之谈。他对比特岛霸王蟹区块链的发展相当满意，认为它超出了他当初设想的最好结果。他用第二次工业革命的电与区块链做对比表达他的感悟。

“在对一个新技术期待最高的时刻，人们往往误以为，新技术可以取代原来的一切，它将带来一场颠覆一切的技术革命。其实，任何实际应用的系统均是由众多技术——科技的、商业的、社会的——共同组成的。新技术渗透的方式往往不是革命性的，而是渐进的，它通常先用来取代一部分老技术，让系统变得简单。”

“在第二次工业革命初期，发电机被应用到工厂里，它取代了地下室庞大的蒸汽机，电成为工厂新的动力源。电更清洁、更先进。”

“但是，当电被应用到工厂后，一些意想不到的变化发生了。最初，发电机和一个大的电动机取代了蒸汽机，动力还是通过轴、齿轮、滑轮、皮带输送到工厂的各处。但很快人们就发现，电线可以方便地拉到工厂的各处，小的电动机直接为单个车间、

班组的机器提供动力。结果是，那种用轴、齿轮、滑轮、皮带连在一起的怪物工厂消失了。”

“能输送电力到工厂各处的电线和分散的电动机使整个工厂变简单了。各个车间、各个班组能自行安排开工时间，它们按需开启自己的电动机。但一切的变化都是从用电、发电机、大电动机取代地下室的蒸汽机开始的。”

“原来，我们的整套比特岛霸王蟹溯源系统就像蒸汽机时代的工厂。在庞大的地下室里，蒸汽机轰隆作响，那些锅炉让我整

晚整晚睡不着觉。”

“最初，我把区块链看成电动机和一个大电动机，它们能发出霸王蟹工厂所需要的动力——信任。”

“我没想到的是，历史再次重复了自己。使用区块链之后，我们不只是换掉了蒸汽机，各种复杂的动力传送系统也不再需要了，再一次，小小的‘电线’把大家连起来了，小的‘电动机’也被用了起来。”

“现在回想起来，当我为地下室的蒸汽机焦虑时，我何尝不

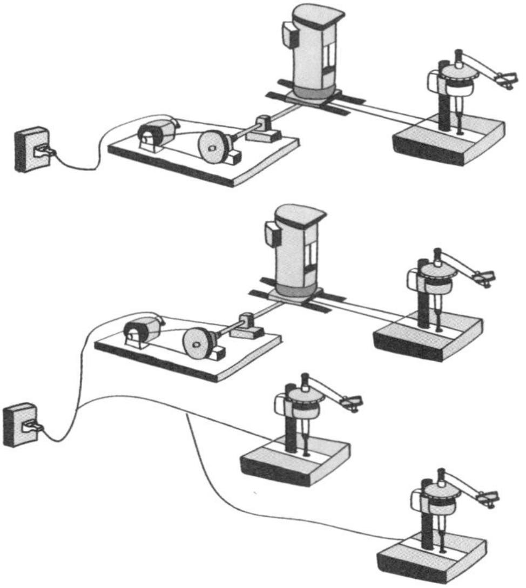

是同时在为有着各种各样的轴、齿轮、传送带的怪兽工厂焦虑呢？幸运的是，我们从取代蒸汽机开始，最终也像电力革命一样，用区块链技术把一切都简化了。”

***

听到菲舍说起怪兽工厂的比喻，刚刚用上区块链发票的比特岛市政厅的税务官员唐克看着自己本很得意的新的区块链发票系统陷入沉思。唐克是市政厅中最热衷应用新技术的官员，这次他也兼任了渔务局区块链项目的顾问。唐克自问，同样是运用区块

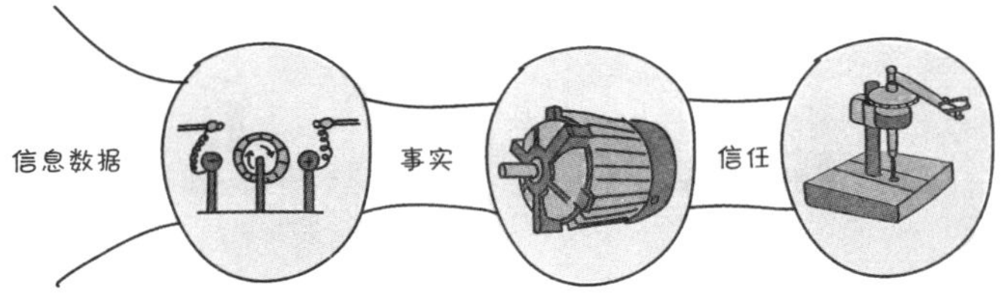

区块链：赋能万物的事实机器

链技术，菲舍用它消除了怪兽工厂，而我却似乎反过来创造了一个更为庞大的怪兽工厂？

7

当区块链遇到发票

唐克是比特岛税务处（Island Revenue Servies）的负责人，比特岛税务处还继续使用着一种非常传统的工具——发票。在数字大陆的一些国家，当你为客户提供专业服务如软件开发时，你自己开具一个收据，对方照此付款，各自做纳税申报。但比特岛还在沿用发票，发票看起来传统甚至古老，但也让事情变得简单，除了每一张发票开具时相应的税款已缴付税务处外，还因为发票在多方合作时是更高可信度的凭证。

唐克眼中的发票

发票是比特岛税务处开具的缴税凭证，它因有官方机构背书，也常被用作商家之间的交易凭证。

比特岛的一些其他活动比如费用报销依托发票形成一些惯例。唐克作为公务员，偶尔需要请客人在咖啡厅吃简单的午餐。这是公务开支可以报销，唐克会在咖啡厅拿到一张发票，它是税务处用特制的纸制作的。报销时，他用铅笔在发票上做些标注后提交，出纳依据发票记账，把款项汇还到他的个人账户。

发票的一个优点是，依托一定程度上能防伪的发票，社会的信任成本被大大降低。会计人员可以简单检验发票的真伪，而不必反复校验各种各样的单据。

用可信凭证进行证明，还是依靠信任规则和人性，这是人们长久争论的话题。但不管怎样，在比特岛，发票是个行之有效的惯例，看起来短期不会有什么变化。

唐克是个典型的技术型官员，特别关心如何运用技术提高行政效率。他执掌比特岛税务处以来一直在推进发票的数字化，利用信息技术使它更高效。

唐克不是仅把发票看成税收工具，而是把它看成降低社会信任成本的工具。唐克相信，发票是能降低总的社会成本的。在消费者购物后，一张发票或者它的电子记录可用来确认商家售卖商品时缴过税。一张发票可以证明消费者的确付过款。一张标注了已报销的发票，也能说明款项已经返还给个人。一张发票还可说明税款已经做了相应的抵扣。

这些年唐克一直大力推进税务处的数字化。他推动了各家公司的会计软件和税务系统的对接，推动了比特岛税务处的发票查验网站的建设。他促使岛外的电商平台和一些政府机构接纳比特岛的发票。他推动了电子发票的普及，电子发票的普及加速了企业内、企业间各种流程的无纸化。

在这个过程中，和比特岛渔务局类似，税务处的信息系统也变得越来越庞大。就像菲舍所比喻的，税务处的地下室的蒸汽机和怪兽工厂越来越庞大。

电子发票的推行更是加速了这种趋势，这与电子发票的一个特点有关。

一张纸质的发票虽然在一切数字化的时代看起来有点原始，但它有一个优点——它是唯一的。它可以唯一地在不同的经手人

之间流转，相应地，它背后所需要的 IT（信息技术）系统相对简单。

一张电子发票却是可以完美地被复制，因此发票的状态是要靠多种数据相互对照来确认的。同一张电子发票是否已经入过账，要靠 IT 系统里的数据记录来确认。这张发票是不是已经报销、付款了呢？同样也得靠 IT 系统里的数据记录相互对照。

数据连成了网，它们可以相互对照，这看起来不错。但麻烦的是，税务处的 IT 系统变得非常复杂。每家公司的财务系统的相关税务模块也变得越来越复杂。并且，他和税务处的工程师已经形成一种思维惯性：如果一套 IT 系统不够，那就用新的技术再开发一套。

有时候，唐克会感慨："复杂系统，也许就是数字社会的宿命吧。"

区块链电子发票试点系统工程

在比特币和区块链刚出现时，技术出身的唐克就注意到，区块链的不可篡改、其上可进行凭证流转的特性，跟他管理的发票完美契合，他早就有个断言：发票需要区块链。

在区块链技术应用逐渐成熟之时，唐克安排比特岛税务处信息中心启动了"区块链电子发票试点系统工程"。跟过去一样，他们召集几家大型技术公司来协力开发一套最好的采用区块链技术的系统出来。

税务处和渔务局不一样，它上任何技术系统都事关重大，每一个环节都要考量到。发票系统做出变化就会影响到很多人，每个商家、个人、公司都要做出相应的改变。

幸好，新系统进展顺利。比特岛区块链发票试点系统把多个现有系统连接起来，众多商家和公司改造软件和设备。终于，一条与现有系统平行的链运转起来了，发票区块链网络上线了。它和现有的税务系统、企业财务系统都无缝地连接到了一起。

当消费者在餐厅消费后，输入发票的抬头（付款单位名），他会得到一张区块链电子发票。在手机上的卡包 App 里，显示的也会是发票的样子，但实质上它只是一条数据记录。每一张区块链电子发票对应着税务处数据库的一条记录。现在，在发票区块链上又同步了一条记录。

如果这张发票对应的消费是个人垫付再到公司报销的，这条数据记录将通过区块链传到公司的财务会计软件系统里。经过相应改造的会计软件可自动把发票入账、支付报销款，并做好相应的税务处理。

在公司的会计软件处理这些流程时，和发票有关的信息也被同步记录到发票区块链上。链上会有一条记录说明，这张发票已经报销过了。新系统完美地实现了发票开具和报销的自动化。

更重要的是，使用区块链之后，原本存在税务处信息围墙内的数据在一定程度上向外界公开。收到发票的公司可以去查验，在区块链上直接验证这张发票的全流程数据的真伪。

税务处的工程师击掌庆祝，我们又建设了一个先进的技术系统。新技术加快了信息的流通，便利了市民的经济生活。

没人比唐克更了解这个新系统的优点，它利用区块链进一步增强了信任，它让现有的各种信息系统更紧密地联系到了一起。

在电子发票的流转系统中，运用区块链技术多方共建了一条平行的链，将开票、报销等流程中的交易事务记录到链上，如消费者付款、一张发票被开具、一张发票已经报销等。

过去，我们不用也不能期待税务处来记录所有这些信息，税务处的数据系统中所记录的信息是仅与发票、纳税本身有关的。其他的信息应该是各方（商家、开票方、第三方支付、消费者个人、公司的财务系统）自行记录的。

现在，这些交易行为被记录到区块链上，交易双方电子签名确认，打上时间戳，无法被篡改。所有人均可以信任它上面的记录。

唐克的反思

“但又多了一套信息系统！”唐克对自己说。他偶尔会自问这样的问题：“等到我们的系统复杂到谁也处理不了的时候，会不会出现大崩溃？我的继任者会感谢我给他留下了这么多套系统，还是会反过来埋怨我留下一堆烂摊子呢？”

一直以来，唐克坚信自己的做法是对的，建设各种新的系统、最大化地发挥新技术的价值。

这一次，他犹豫了。

没有多少人比他更早接触区块链技术。他隐约感到，现在的发票试点系统应用了区块链，但并没有把它的潜力发挥出来。现在的用法给他的感觉是，利用了一些区块链的特性，但与它的真正用法背道而驰。在听了渔务局菲舍的分享后，唐克的这种感觉尤为强烈。

他想起福特汽车创始人的那句名言，改编了一下对自己说：“我现在像那个赶马车的人，当别人来问我要什么，我的回答是，更快的马！如我所愿，我的确得到了更快的马。但这真的是我想要的吗？”

“我要从头想起，从最基础的地方开始重绘整个图景。”唐克说着，拿出纸笔在纸上推演。

“在发票这件事上，最早的税务处负责人是想为比特岛的商业和经济提供一种可信的凭证。最早的那张纸，要做到的是防伪，在流转中记录状态，并供事后需要时查验。”

“进入信息时代后，我推动建立了那么多系统，使信息流转更快，让查验更方便。但很明显，我的大脑是信息时代养成的大脑，我的注意力一直放在建立使信息流转得更快的系统上。我主持建设了那么多系统都是如此，这一次也是延续这样的思路。”

“但不管时代怎样变，我领导的税务处在发票方面的核心任务并没变，我们提供可以防伪、有状态记录的发票。让信息流转更快只是次一级的目标，但我们建立每一套系统时其实都把这个当成主要的目标了。”

唐克

“是的，我的核心任务依然应该是在数字时代为经济和商业提供‘有唯一性、能防伪、能记录状态的凭证’，这张凭证应是独立可验证的。我的任务并不是建设那么多的系统。”

唐克还对自己说：“即便要建设这些系统，我们税务处也不必都自行建设。如果商业公司能建设和运行某些系统，为什么不让它们做呢？我为什么非要让税务处自己做呢？”

唐克回想：“每一年，我去市政厅申请信息技术经费，那是税务处开发新系统和维护老系统所需要的。我每次不得不跟那些想要压低预算的议员争斗一番。我认为他们跟不上信息时代，其实他们中有很多是拥抱新技术的人。他们会不会是对的，而是我的思路出了问题？”

最终，唐克把所有的碎片串起来，形成了一个完整的拼图：

“对我们比特岛税务处来说，区块链难道不是生成‘有唯一性、能防伪、能记录状态的凭证’的最佳机器吗？区块链上的每一个通证都是独立可验证的。它自己就可以证明自己。有了它之后，我们就不必依赖现在那么多复杂的信息系统去做交叉验证了。区块链上的记录是已经交叉验证过的。”

唐克又想：“如果我调整思路，用区块链来产生发票这种独立可验证的凭证，情况会变成什么样？”

“也许未来应该是极简的：某个商家根据规则生成一张凭证——发票；发票进到某个人的电子发票钱包；发票再被转给某家公司的日常电子发票钱包；公司财务处理这张发票后，将发票转给公司资料库的电子钱包。”

“税务处的责任变得简单，它负责设定规则、标准，进行监察。毫无疑问，区块链技术会使监察变得方便。”

一路沿着这个思路想下去，唐克发现，税务处现有的很多系

统没有存在的必要了。他有点担心，也许现在比特岛税务处信息中心忙碌的工程师有一天会无事可做。

小岛词典：独立可验证性

区块链这样一项新技术的内核是什么？我们可以回到信息互

联网即万维网的开端，用万维网与区块链对照，这或许能帮我们更好地认识区块链。

万维网的内核是“超链接”。最早，人们设想，一个文本链接到另一个文本形成所谓的“超文本”，这最终演变成了更实际可行的方式——网页中的文字可以链接到另一个网页。在移动互联网时代，网页和文本链接的形式渐居幕后，变成了直接是信息链接到信息。但不管怎样，我们现在所知的信息互联网的核心还是超链接。

初看起来，超链接没什么特别的，但正是围绕着超链接这个最基础的元素，人们建起了现在的互联网。我们已经体会到它变革的力量：信息的流动、人际的交互、商品的交易、工作中的协作、组织间的合作和现在人们畅想的产业互联网。

将信息链接到信息，把所有的信息都连起来织成网，是互联网现在的主流思路。近 10 年，即便加上大数据（更了解你）、人工智能（帮你决策）等高层次的技术，人们应用互联网的基本模式仍是，建造让信息链接更丰富、信息流通更快的互联网平台。

现在不少人想把区块链应用到现有互联网平台中，让互联网平台变得更强。区块链的确可被用来增强信息的可信度，但现在这种用法使区块链技术看起来局限性非常大，因为它能够达到的每秒交易事务量（TPS）仍处在非常低的水平，短期也不会有多大的改进。这可能是对区块链技术的一种误用，使我们严重低估它的潜能。

那么，如何把区块链用起来呢？我们也许可以从区块链的内核上寻找答案。有意思的是，在区块链的内核上也有一个跟“超链接”相当的朴素事物——一组数字组成的事物的独立可验证性（verifiable）。

区块链上的交易明细记录、由它生成的通证均能自己证明自己，而不必依赖任何第三方，这是在数字世界中第一次有一类数字事物能做到这一点。在实体世界中，可验证性不是问题，一个签名的文件绝大多数情况可以自己证明自己。但在数字世界中，由于数字组成的事物是可复制的，独立可验证性是一直以来人们需要却未能实现的特性。

协议实验室创始人胡安·贝内特（Juan Benet）在2018年的一次演讲中强调了可验证性。他还说，超链接刚出现时，大部分人无法看到它的价值，因为它是反直觉的。可验证性也是如此。的确，独立可验证性初看起来可能没那么重要，在现实中这不是很常见吗？但其实在数字世界中它一直是缺失的一环。

我们大胆假设，区块链的很多新可能性将是围绕独立可验证性展开的。

我们可回到发票与发票报销的场景来看。区块链技术来了，我们应该用它作为一块砖来修补现有的大型系统吗？以现在的视角看，区块链这块“砖”不是很好的砖。它有点像早期的玻璃，玻璃能引进来光线，因而可用作点缀，但用它做砖的话其性能可以说是很差。因此这么用它时，它是一个定位很尴尬的新技术，它仅会被来作为大厦的装饰物，好像有点用但并非特别重要。

如果转而从独立可验证性出发，我们会得到完全不一样的结论。区块链能被用来创建一张张在数字空间中独立可验证的单据。是否可以用它来建立最大化发挥其特性的全新大厦？它和过去我们熟悉的大厦肯定不一样。其实，如果去看看玻璃幕墙大厦的历史，我们应该就有点感觉了。1976 年，有人建造了第一座玻璃幕墙大厦，现在在城市中，几乎所有的新大厦都是玻璃幕墙的。

在互联网时代，建立使信息流转越来越便利的技术系统，建立大一统的互联网平台是人们直觉般的反应。要用起来独立可验证性，我们恰恰要跟直觉反着来。我们可以把建立大一统的技术系统的愿望放到一边，先从最小元素开始考虑：在数字空间中，我们先模拟实体世界，创造出可以独立验证的“发票”。这种独立可验证的数字事物是我们所需要的。有了它之后，我们再来看它能带来怎样的一系列改变。

多数人不会这么想。他们会沿着现在的主流思路追问：为什么不让信息流转得更快？他们的答案因而是：在发票报销场景中，开票立刻报销，报销马上到账。这样多好！把一切反过来，先创造独立可验证的数字事物，再看它有什么用，我们可以得到的答案则没那么确定了，现在还无人知道这条线索将引我们去向何方。

但这是值得尝试的。我们现在已能确信，区块链技术是一个真正数十年变革一次的技术。因此，我们做的不应该只是用它去加强互联网平台等各种现有的技术应用范式。我们至少应该尝试另一条路，让一个个可独立验证的数字事物自然地组合、发展、涌现。

8 当区块链遇到医疗

比特岛是一座先进的小岛，但有不少方面得依赖数字大陆比如医疗。比特岛医院的设施先进，各种检查设备一应俱全，但医疗专家就不那么全了。比特岛的人有了疑难病症会转院到威纳湾的医学院附属医院。

麦克是威纳湾一家医疗科技公司的创始人，他和家人一起去比特岛旅行，家人不知道吃了什么海鲜后全身过敏。在比特岛医院做检查并简单治疗后，他们在护士的陪同下，立即乘坐医疗直升机转院，回到了威纳湾。

到了威纳湾医学院附属医院，麦克的家人已经有所好转。这时，却发生了一件让麦克恼火的小事。为了查核过敏是不是之前的药物引起的，医生需要家人的过往病历。平常，麦克一家在科技园区那边的威纳湾纪念医院就诊，所以在医学院附属医院的病历资料库中没有任何资料。

“你们医院之间没有联网吗？不能直接将病历在线上传输过来吗？”麦克心想，这太耽误事了。在医生给他否定的回答后，他开车回去，把家里的病历卡取来。硬件病历卡里加密存储着病历。确认过历史病历排除药物风险，医生安排麦克的家人到病房休息。放心后，麦克在医院的休息厅坐下，他的大脑突然变得异常活跃。

不那么数字化的病历

对于两家同在威纳湾的医院竟然不能直接互通病历数据的情况，麦克已经没那么恼火了。他很理解，病历是个人的重要资料，比金钱还要宝贵。

作为一名医疗科技行业的创业者，他不得不承认，病历存储在医院里保护严密、多重备份的资料库中，是当前的最优选择。在没有可靠的安全措施用来加密、授权之前，使敏感的病历信息通过网络流转，病人与医院都不放心。

在区块链技术刚进入大众视野时，医疗科技行业中曾有人说，区块链是一种新的数据管理方式，它能用来确认个人病历的所有权，也可用来检查医疗数据是不是被篡改。

有人还提议，我们可以实现病历的分布式存储，把病历同步到多家医院，规避某家医院丢失数据的风险。也许有人做过尝试，但没人再提起。其实，担心一家医院的病历资料库会被损坏，而把病历用区块链的分布式存储方式存储并不是好思路。区块链每个节点都存有一份数据的分布式存储方式并不太适合病历这样体量较大的数据资料。另外，现在各家医院通常已在院内和院外几处数据中心备份了病历，人们并不用太担心丢失损毁的问题。

所有医院和病人把病历通过网络集中到某处，这很难获得医院和病人的认可。至少，这很难吸引足够多病人的支持。

麦克认为，把所有的病历集中存储在某处，使病历更容易获取，这带来的风险远比收益大得多。万一黑客持续攻击这个地方呢？万一成千上万的病历信息被泄露呢？万一……

麦克知道，他和家人从比特岛乘医疗直升机转院过来时，护士随身携带的资料中，有一张卡保存着此前在比特岛医院进行检查的记录资料。为了确保资料的安全，当前医疗资料主要还是以这样的方式流转着。

同时，虽然没细看，但他知道签的一堆转院单据中大概有这样的条款：如果需要，他授权通过网络加密通道将比特岛医院的医疗记录转过来。

麦克

即便在严密的加密保护下，持续传输病历数据通常也意味着不可知的风险。涉及医疗记录，所有人都很谨慎，除非实在紧急，否则不会通过网络传输。在需要单个病历的传输时，他们会用较高等级的加密通道进行传输。

但区块链还是可以解决数字病历的一些问题。只是答案还藏在一片迷雾之中。麦克觉得这个话题值得深挖。

医疗科技协会的讨论

在威纳湾医疗科技协会的一次聚会中，麦克说起自己的想法。医疗科技协会是威纳湾的医疗科技公司、医院的信息中心负责人以及一些关注信息技术给医疗行业带来影响的医生组成的社团。

大家七嘴八舌地讨论起来。

多数人对集中存储病历的思路都表示怀疑，他们赞同麦克的看法，这个思路可以暂时搁置了。

一方面，集中存储只会带来更多的麻烦，并且这实质上是把病历这种数据财产授权给某个中心化的中间人，使病人个人失去对如此重要的数据财产的掌控权。

另一方面，这也不是区块链这个新技术能发挥作用的地方。至少从目前的发展看，区块链本身的用途并不是用来存储大量数据资料，未来也不太会是。

一直关注区块链技术的一位医生提了个新想法："与集中存储正相反，应用区块链的思路应该颠倒过来，每个人保存自己的数据。你看，过去银行帮大家记账，我们的钱是银行账本上记录的数字。比特币的设计逻辑是，'每个人成为自己的银行'，自己保存秘钥，自己保存自己的比特币。”

立马有人反驳他的想法：“你难道忘了，去年你把私钥丢了，丢失了几千比特币？否则，你现在该在比特岛冲浪了。”

“但我还是认为，应该让个人掌控自己的数据财产。”这个医生还是坚持自己的立场。

“我赞同‘每个人成为自己的数据银行’。”麦克说，“不过我认为，得把缠绕在一起的两件事分开，我们才可能找到出路。不管是银行集中的账本，还是比特币区块链分布的账本，它们都只是存了几个数字：你有多少钱，他有多少钱，你转了多少钱给谁。在我们这里，这是两件事情：第一是存储在某处的病历，它的数据文件通常比较大；第二是某个病历的元信息即关于信息的信息，如这个病历是谁的，上面的数据是哪个医生记的、是哪家医院记录的等。

“我们不妨假设，病历至少到目前为止均安全地存在某个地方，取用会有点麻烦，但总可以实现。我们重点解决另一个问题：我们能否用什么新的方法来更好地确权——确认一个病历属于谁？谁握有能打开它的钥匙？”

在医院陪护的那个夜晚后，麦克一直在想怎么把病历和区块链结合起来。

“对，这是一个不错的思路！”麦克赢得不少赞同。

他接着说下去，“我的想法是这样的，我们可以用区块链技术来进行病历的确权。假设我们建了一条‘病历区块链’，任何一个人均可在其上开设身份地址，即一对公钥和私钥。公钥是他的身份，私钥代表着掌控这个身份相关病历的所有权与管理权。他把自己的私钥严密地保护起来，只要私钥能够和公钥匹配得上，即可证明这个身份地址是他的。对了，我们先暂且假设，已经找到法子让每个人能保存好自己的私钥，不会遗失。”

“当医生安排病人做一次检查后，一条医疗记录被写进这个身份地址中。你拥有了这条记录的所有权，只有你的私钥可以授权别的医生打开、增补等。”

大家纷纷赞同。

“用了区块链，每个人可以保管自己的数据财产。”

“区块链账本做这类财产的账本不错。”

“每个人可以用区块链的一对公钥、私钥来掌管自己的医疗记录。”

麦克接着阐述自己的设想，“每一次打开、增补，又被以区块链上交易的形式记录下来。去医院见医生时，你把病历的管理权临时转给医生，医生查看后，对之进行增补。用完病历之后，医生将病历管理权转回给病人。如果医生进行了增补，医生和病人将同时拥有新增的这一页的管理权。”

马上有人提问：“我听懂了，这是用区块链来做病历的确权，并全程会留下修改记录。确权从逻辑上没有什么问题。你如果不把病历管理权转给医生，医生无法打开。你转给了医生，医生才能打开。”

“我的问题是，全程留下修改记录，所谓全程留痕，这个记录在多大范围内可以查看呢？如果黑客知道这个身份地址是某个病人的，又知道那些医生分别对应着谁，他从中应该能拼凑出这个病人的就医痕迹。”

“这的确是一个问题。”麦克承认，“在区块链上，我们是否可以做到一个身份地址不授权，别人无法查看他的相关交易记录？又或者，零知识证明这样的密码学技术会不会在这里有什么用？”

麦克没有沿着没有答案的路径往下探索，而是提出了一个折中方案："也许我们可以先不追求绝对的隐私，而是采用像比特币系统那样的半匿名做法。如果你担心隐私，你可以每次用一个新的身份地址，每次去看病时，你的身份地址都跟你的上一个身份地址是不一样的。这样你就一定程度上把自己的真实身份藏起来了。"

好几个人对这个想法表示赞同，毕竟，透露出的并不是医疗记录本身，半匿名提供了一种可实现的临时救急方案。

麦克说："后续的问题是，如何能够确保这个区块链网络的安全，即如何确保它上面的账本是不被篡改的？不过我想，这个问题，区块链本身解决得不错。"

"另一个问题是，有什么安全的加密方法像锁一样把病历资料锁起来，还要能和区块链结合起来，让只有持有匹配的私钥的人才能打开呢？"

有熟悉密码学的协会会员告诉麦克，非对称加密相关的工具是可以用来解决这个问题的。非对称加密有性能问题，加密、解密一个大文件需要较长时间，但具体到这里说的病历，让病人等待几十秒解密病历文件不是什么问题。

当然，很多问题还没有清晰的答案。

有人提了更务实但其实尖锐得多的问题："谁有动力来推动建

立这样一个区块链呢？谁有动力推动大家都用上呢？”与比特岛渔务局、发票区块链不同，这里的各方包括医院、医生、病人、保险公司、医疗科技公司都没有足够的动力和实力来推动它。

任何一个联盟推动的区块链应用均需要有几方有充分的动力，仅仅是技术上的可行性是不够的。

来自比特岛医院的信息中心负责人建议说，“刚刚麦克的思路是建立一套普遍适用的系统。如果我们先不想那么大，从小处着眼是否可行？比如，比特岛医院和威纳湾医学院附属医院之间已经有了转院的安排，如果仅仅在转院病人这个小群体中进行实验呢？这里涉及我们比特岛医院、威纳湾医学院附属医院、医疗直升机救护队，有时候还包括比特岛旅游救护队。我想，我们医院应该有一些动力。”

在不久的将来，我们也许会看到比特岛在病人转院时用上区块链。

现实链接

用区块链来管理数据财产

数据已成为数字社会的重要资产。区块链被认为能用来管理数据财产，即做数据的可信、确权、加密、授权流转等。病历是这些数据中典型的一种。

不同的人对数据的看法差异非常大。在大数据热潮下，人们常说，数据是石油，这其实是互联网巨头的视角。通过收集、分析、利用数据，互联网巨头可将数据变成收入，对它们来说数据是石油。很多人也自然地把这种思路延伸开来，认为区块链会帮助平台更好地收集与运用数据——使用用户的数据，提供对应的回报。

除此之外还有多种视角。当下的一种重要数据视角是政府与监管部门的视角，它倾向于把数据看成个人的隐私。单一个体往往无力保护自己的数据，因此需要各国政府采取措施保护个人数据。

2018 年 5 月 25 日，欧盟出台了《通用数据保护条例》(General Data Protection Regulation，简写为 GDPR)，任何收集、传输、保留或处理欧盟所有成员国的个人信息的机构、公司，均受到该条例的约束。

中国对个人数据的保护也在增强。2019 年，我国大力整治涉嫌滥用个人征信数据的公司，这一年被警方调查的所谓大数据公司或征信公司有好几家。

在这种外部变化趋势下，即便那些规范运行的大型互联网公司也逐渐认识到，把数据看成石油只是硬币的一面；另一面，收集与保存大量用户数据，帮助用户保护数据渐渐变成了不可承受之重。比如如果发生数据泄露事故，怎么办？

除了互联网巨头视角、政府视角之外，第三种主要的视角是个人视角，我们每个人自己的数据财产该如何保护？

要保护个人的数据，我们先要了解它们有什么特点。把个人数据看成一种财产后，我们会发现它是一种极为特殊的财产。

以个人的医疗资料为例。医疗资料可以说是个人最重要的财产，现在它也多以数字化的形式存储在某个地方。它是一种与常见的财产特性相反的财产，我们可称其为“反财产”。它的特性与我们常见的财产如存款、股票、房子等是相反的。如果你想把它卖出去，它不值钱。如果它被妥善地保管和利用，它可以拯救生命。如果它丢失、被人滥用，可能造成巨大的财产损失，甚至危害生命。

我们的个人身份数据、互联网行为数据、DNA 数据均有这样的特征。公司的很多数据类财产也有类似的反特征。

在这一类数据财产上，区块链的用法不是将它资产化使它可以交易如卖出获得收益，而是确权——用区块链将数据的所有

权、控制权交还给所有者。我们要做的不是试图实现这类数据的经济价值，而是用技术来防止这些数据被误用给它的主人带来损失。

区块链技术在这个过程中能发挥的作用是把数据的所有权与管理权交还给个人，因为没有人比你更在乎自己的利益。

区块链可以用来进行这一类数据财产的确权。它提供了一种普遍的机制，让我们能在链上进行数据所有权的确权，即这个数据属于某一个人。

区块链可用来进行这类数据财产的可信性确认，比如我们能用区块链来确认一份病历数据文件是否完好。

区块链可用来进行这一类数据财产的授权与使用。去看病时，我们授权医生查阅和增补我们的病历。去购买保险时，我们可以授权保险公司在一定范围内查阅我们的病历。

区块链还可用来辅助这类数据财产的加密。这通常需要配合其他密码学方法一起使用，比如将区块链的公钥及私钥来和非对称加密方法配合使用，在链下进行数据财产的加密和解密，在链上记录所有权、管理权及记录所有的变动痕迹。

总之，通过区块链技术，我们能把这类数据财产的所有权与管理权交还给每个个体。

PART 3

通证经济

9

民宿业的变革

来比特岛旅游，多数人都住民宿，民宿是比特岛旅游的特色。比特岛没有酒店，仅在海滩边上有一家一价全包的旅游俱乐部，那里提供包括住宿餐饮、私家海滩、海上游玩项目等综合服务，所谓的一价全包指住宿价格包括所有的服务费用。

岛上民宿是由众多民宿老板个体独自经营的，每家民宿一般有 2 到 10 间客房。很多岛民世代做着民宿的生意。岛上民宿特色各异，但整体的服务质量高度一致与可靠，价格均为 100 美元一晚。早前，游客到了岛上去游客信息中心选择合适的民宿。后

来，他们可以通过电话或网络预定。

这几年，比特岛的民宿业正经历着一波痛苦的变革。大变化开始于几年前。

究竟为什么忙碌

几年前，数字大陆的互联网巨头们盯上了岛上独特的民宿业。

比特岛每年冬天有两个月是旅游淡季，因为有大风浪，海滩上的游玩项目没法开展，游客也就少了许多。每年冬天，大约50% 的民宿会关门休息。

一家互联网巨头发现这是一个机会，它劝民宿老板说，淡季歇业浪费了宝贵的旅游资源，小岛上的旅游又不是只靠海滩项目。一些民宿老板被说服，加入它的淡季特惠计划。

最初，这是一个多赢的局面。游客也很开心，原来民宿每晚需要 100 美元，现在只要 70 美元。近些年冒出来的各种数字咖啡馆和小酒馆，使淡季的比特岛也很有吸引力。

民宿老板增加了一些收入。比特岛民宿的成本大约是4∶3∶3，四成是房租成本，三成是开业就必须支出的其他运营成本，三成是毛利。毛利可算是民宿老板开给自己的工资。

过去，轮流隔年在淡季歇业是一个合理的选择：最简化地测算一下，如果每年歇业，每年损失 2 400 美元（隔年歇业每年损失则减少到 300 美元）。如果开业且满租，则有 1 800 美元的毛利。如果开业后只有一半的入住率，那么每年损失 1 200 美元。

在淡季，如果民宿都开业则大家都只有一半的入住率。因此忙碌了大半年后，很多民宿老板商量着隔年轮流歇业出门旅游。

互联网巨头的补贴使那些原本淡季歇业的民宿老板继续开

业。游客支付 70 美元，巨头补贴 20 美元，民宿老板收到 90 美元，因此淡季开业民宿会有 1 200 美元的毛利。

几年下来，随着淡季开业接待游客的民宿增多，整体入住率从 100% 下降到 70%，民宿的利润又变成了负数，一个淡季损失 420 美元。但既然形成了惯例，多数民宿每年冬天都会继续开业。

这些民宿老板失去了愉快的假期，他们看到同行开心地游玩，自己却每天忙碌着。他们还是安慰自己，比起隔年歇业出去游玩，现在淡季开业毕竟能减少歇业损失。

慢慢地，情况又变了。

互联网巨头认为自己已经培育起这个市场，便停掉了补贴。这样，民宿每晚只能收到 70 美元，民宿老板的账一下子算不过来了。习惯做算术的人算了一下，如果像过去那样隔年淡季歇业，每个淡季账面上损失 1 200 美元，但现在每年淡季营业，账面上损失 1 260 美元，如下表所示。如果他们照常给自己开工资，那账更算不过来了。在这个过程中，那些正常轮流隔年歇业的民宿也受到了很大的影响。

总之，加入这家互联网巨头淡季特惠计划的民宿老板开始怀疑起人生："我这是在做什么？难道是因为我们热爱劳动吗！"

不同入住率下民宿的盈亏情况（按 60 天计算，美元）

	正常营业时	淡季全歇业	淡季开业	隔年淡季歇业	加入淡季计划	加入淡季计划	加入淡季计划
	即入住率 100% 房价 100		50% 房价 100	房价 100（为两年平均）	入住率 100% 有补贴即房价 90	入住率 70% 有补贴即房价 90	入住率 70% 无补贴即房价 70
收入	6 000	0	3 000	3 000	5 400	3 780	2 940
房租成本	2 400	2 400	2 400	2 400	2 400	2 400	2 400
运营成本	1 800	0	1 800	900	1 800	1 800	1 800
毛利/损失	1 800	–2 400	–1 200	–300	1 200	–420	–1 260

幸运的是，随着人们逐渐接受这样的看法，比特岛的旅游是没有淡季的，冬季特惠房价慢慢地消失了，游客淡季旺季均需付100美元。涨价多出来的钱，平台留一部分，也分一部分给民宿。民宿老板的抱怨减少了些，毕竟现在收入至少跟原来冬天隔年歇业差不多了。

几年下来，岛上民宿老板发现，在他们之间多了一个大家伙——这个互联网巨头。它并不拥有一间房，却通过网络订购系统掌控岛上民宿业，每年从行业中取走相当大的收入份额。

这个大家伙还告诉大家，我将比特岛民宿业带进了数字时代，继续帮大家提高经营效率，把民宿业经营的各个环节数字化。

民宿的房间逐渐用上了数字门锁，装上了全数字娱乐系统，用上了智能房间系统，让游客能提前开关房间的空调等。这些费用，有的由民宿承担，有的由互联网巨头自行承担。

既然服务升级换代了，民宿价格也就涨上去了，价格从每晚100美元涨到了120美元。民宿老板没有从涨价中得到好处。现在，一间房间的收入变成了这样的分配：房屋成本40美元，运营成本40美元，毛利30美元，互联网平台20美元。几轮变化下来，民宿老板得到的和原来又变成了一样。

罗勒

旅游俱乐部老板罗勒的观察

岛上民宿房间由众多民宿老板分散运营，而那家一价全包的旅游俱乐部则规模大得有近千间客房。旅游俱乐部与民宿有着截然不同的经营模式。民宿提供的仅是住宿服务，而旅游俱乐部提供的是综合服务。从威纳湾上船或者乘飞机入住俱乐部后，游客便开始享受丰富多彩的俱乐部旅程。

旅游俱乐部内部各种设施一应俱全，有各种各样的特色美食，有健身游乐设施、图书馆、电影院、咖啡馆、小酒馆等。这些游客均不用额外付费，费用包括所有项目，俱乐部每天的价格是 200 美元。

旅游俱乐部是由比特岛最早的家族之一罗勒家族创办的，现在是上市公司，由罗勒家族的小罗勒运营着，多数时候，大家直接叫他罗勒。

罗勒相信俱乐部有独特的存在理由。要为顾客提供如此复杂、全面的服务，只有靠大型企业，企业内的各个业务部高度专业化，住宿部负责客房，餐饮部负责餐厅、咖啡馆、酒吧，游乐部负责游乐设备。

他认为，内部的命令与控制带来的协同效率超过市场。他的逻辑就是著名经济学家罗纳德·科斯（Ronald Coase）说的企业为什么存在的理由：如果企业内部交易成本低于完全用市场交易的成本，这些业务就应统合在一家企业内部。

对民宿业这几年的变化，罗勒一直在暗中观察。其实从变化中俱乐部受益不少，因为新增游客中那些怕麻烦的会选择住在俱乐部。

罗勒很欣赏这家互联网巨头给岛上民宿带来的变化。他觉得，它们就像组建成了一家超大的虚拟公司一样，短短几年时间，数千间民宿房间以松散的方式连接起来形成了一个超级公司。并且这是一家业务拓展得非常成功的公司，几年时间它竟然让比特岛不再有旅游淡季，大大扩张了市场。

至于互联网平台从中赚的钱，罗勒觉得是应得的。他想，在运营俱乐部时，他要为顾客提供最好的服务，让员工获得应得的回报，但他同样要想办法为公司赚得合理的利润。

有熟悉互联网产业的人告诉罗勒，互联网平台正是公司的升级。互联网平台和众多服务商（民宿）共同组成了规模很大的虚拟公司。互联网平台大幅度降低了内外部的交易成本。

但欣赏之余，罗勒又为他的民宿业同行担心。野心勃勃的互联网平台推动了变化，一团散沙般的民宿老板虽然勤劳热情，但双方力量对比终究太不均衡，他们早晚会被互联网巨头碾压。

罗勒的担心变成了现实。

在资本市场的压力之下，上市后的这家互联网巨头开始追求利润率。虽然比特岛的民宿业务只占它的很小一部分，但亦成为它榨取利润的一环。

岛上民宿老板被要求参与各种促销。每隔几个月，平台会举办“百亿优惠”，比如满300减200的活动，因此住宿3天原价360美元现在只需160美元。结果民宿老板发现，只要一促销，他们拿到手的实际收入就大幅缩水。每次都是他们在为大优惠活动提供资金弹药。他们又不得不参与，否则网络平台会减少平时的顾客订单量。

这家互联网巨头也一个点一个点地提升自己的分成，有时直接提升比例，有时将某些原本向民宿老板免费提供的项目变成收费的。虽不像促销那样大张旗鼓，但渐渐地这家互联网巨头能够从120美元的收入中拿走30美元甚至更多。

民宿老板中有人开始想接下来该怎么办。一种声音是，既然罗勒俱乐部提供全面的服务，那单个民宿也可以提供更多游乐服务，这样民宿可以在互联网巨头重压之下增加些收入。另一种声音则是想彻底改变，大家联合起来变成一个像合作社那样的民宿共享社区组织。

合作社的诞生

反倒是罗勒率先采取行动，他把两种想法结合起来。

随着比特岛旅游业的繁荣，罗勒俱乐部每天不得不拒掉不少顾客，顾客有时候要排队预约很久以后的房间。罗勒知道自己瓶颈是房间数量，但短期内扩建俱乐部客房不太现实。

因此，罗勒发起了成立俱乐部民宿合作社的计划。比特岛的民宿老板可以加入这项新的合作社计划，一起为游客提供包括住宿和娱乐的综合服务。

过去，俱乐部的顾客只能住在俱乐部的客房。现在，他们可以选择住在住宿条件同样好但景色各异的民宿房间。他们仍能去俱乐部享受各种餐饮、使用娱乐设施，和过去一样，一价全包的价格包含了所有服务。

游客会得到一张通行卡，凭卡可以在各处自由出入。特别地，这种通行卡是运行在区块链上的一种特别通证，游客用它在各处通行、消费。

罗勒给比特岛的民宿老板邻居的条件相当好：民宿将得到每晚 120 美元的全部住宿费用。民宿老板信任罗勒，他给的条件又很优惠，他们纷纷加入。根据链上透明公开的记录，俱乐部合作社跟参与合作社的民宿老板即时进行财务收入的分配。

罗勒把俱乐部的大门打开了，俱乐部能够提供的房间数量一

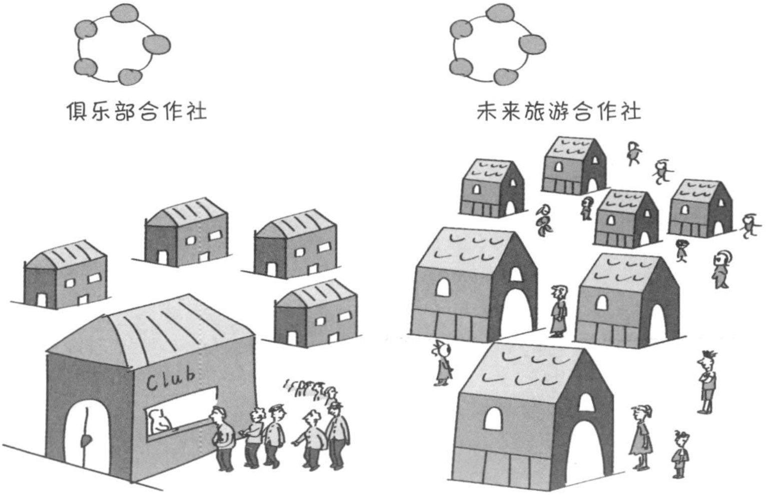

下子增加了近一倍。

俱乐部合作社由一个各方代表组成的理事会共同管理，但所有理事都明白，罗勒有着绝对的权威。他尽量考虑各方利益把蛋糕做大，他自己也会毫不犹豫地给自己留下应得的份额。在企业经营上，罗勒是善意的独裁者，他快速决策、雷厉风行，不容任何争论，参加合作社的民宿老板私下抱怨说现在自己竟然成了罗勒商业帝国的小兵。

俱乐部合作社带来了一些大家都未曾预料到的变化。随着俱乐部合作社的顾客增多，不少咖啡馆、小酒馆也加入这个联盟。顾客拿着通行卡去那里消费，无须再单独付费。餐饮、娱乐等服务能力的提升，使俱乐部合作社吸引了更多的客人。

一面看着俱乐部合作社的兴起，一面受到互联网巨头的重压，岛上民宿的另一群老板加快了组建自己的合作社的行动。他们的主力是较为年轻的新一代民宿老板。较为年长的一代多已经加入罗勒的合作社，他们对俱乐部和罗勒家族有好感，俱乐部本来就是他们自己喜欢度假的地方。他们也觉得现在俱乐部合作社给的条件很公平。

年轻一代民宿老板则认为，俱乐部是属于上一代人的，罗勒掌控的俱乐部和合作社都提供不了年轻人想要的新奇体验，他们想要满足新世代的需求。他们说，年轻的一代需要年轻的旅游。

他们也不满足于短期收益，不加入俱乐部合作社正是因为他们看到，虽然短期收益是公平的，但俱乐部合作社这个经济体的长期收益还是归罗勒家族。

“罗勒是我们很钦佩的企业家，他有冒险精神，但我们也有冒险精神啊。”在一个聚会中，年轻一代的民宿老板中有人说。

他们决定成立一个“未来旅游合作社”（Future Travel

Cooperative），大约有 50 家民宿是主要发起方。他们颇有号召力，愿意参与的民宿一下子拥有了近千个房间。

特别的是，比特岛上的几个受年轻人欢迎的游乐场所也参与成为主要发起方。它们有的组织电竞比赛，有的是黑客松编程比赛的主办方，有的是年轻人爱去的岛中热门酒吧。

与罗勒用自己的资金成立俱乐部合作社不同，未来旅游合作社需要新的资金，因而它要先向加入的成员募集资金。它号召大家加入一起投资未来。未来旅游合作社向所有有自己产业的老板开放，不管你拥有的是民宿、岛上游乐场所，还是数字游戏公司。每个加入成为发起方的合作方需向合作社投入 1 万美元。这对于哪怕只有一个房间供出租的民宿老板来说，都是一个可考虑的投资额，约相当于一年多的毛利润。

未来旅游合作社的重大决策由所有发起方选出的 50 人理事会来做出。主要发起方雄心勃勃，他们相信自己将成就一番伟大的事业，未来旅游合作社将出现在各个旅游小岛上，而非像罗勒那样专注于比特岛。的确在组建合作社的过程中，他们得到了其他热门旅游目的地的年轻一代经营者的热烈响应。

他们宣称，未来旅游合作社将不仅提供住宿服务，大家投入合作社的资金将主要用于创新。年轻人通过虚拟现实等新技术可以在数字世界里体验亲身去某个地方游玩，在数字时代，住宿业是一个注定要边缘化的行业。在诱人愿景的召唤下，比特岛的年轻一代民宿创业者几乎均加入了，大家都想加入未来。

未来旅游合作社为参与方提供的服务是，它发行一种“年轻卡”，这是一种身份的标志和钥匙，也是支付工具。比如，你住某一家民宿，可以获得与电竞冠军打一局的机会。顾客额外付出的每笔费用，民宿的老板均会获得一定比例的分成。

跟罗勒的俱乐部合作社一样，他们也用上了区块链，在链上进行消费记录和资金分配，收入即时分配给提供服务的各方。随着区块链技术的大发展，技术与应用开发已不再是问题，采用区块链的公司现在都更多地考虑业务本身，未来旅游合作社也是这样。

雄心勃勃的未来旅游合作社起步并不顺利。除了常规的住宿业务之外，其他各项业务进展缓慢。由于发起方信奉区块链组织的所谓共治理念，任何决策都陷入委员会式的长篇大论的争论之中。

加入的民宿、游乐场也无法形成网络效应。游客会打电话问客服："我怎么知道这家民宿附带哪种特别优惠呢？我想要哪种优惠就必须住附带这种优惠的民宿吗？"

他们也质问："你们大力宣传的数字展览，为什么我作为会员却无法申请到门票？"数字展览已经演变成未来旅游合作社的大麻烦。在这个展览上，首任理事会几乎花掉了大半的投资资金。它很热门，这是为什么它很容易得到多数发起方的支持顺利推进。但不久大家就发现，从商业上讲，这并非一个回报合理的投资，也没有形成长期效果。它无法转化为能持续产生收入、对合作社有长期贡献的资产。

过去，各种互联网平台也曾经有类似的错误投资决策，但它们转变的速度要快得多。未来旅游合作社漫长的议事流程让它转向极慢，因为它的每一项重大决策均要所有发起方投票。对比而言，罗勒领导的俱乐部合作社一直采取非常稳妥甚至保守的做法，不曾遇到这样的麻烦。其实即便遇到，罗勒自己就能拍板决定快速调整，他为自己的决策承担财务风险。

刚启动不久的未来旅游合作社就不得不展开了自救。它痛苦地认识到，美好设想与技术给出的可能性并不一定会成为现实。未来旅游合作社选出了新一届的理事会，这一届理事会要务实得多。一方面，它加强品牌传播，凸显特色，吸引更多游客选择未来旅游合作社的民宿；另一方面，它将资金用于技术系统的开发，这些投入都将转化为长期有价值的资产。实际上，它选择的是互联网平台曾经走过的路，在互联网产品上投资。

岛上民宿业逐渐形成了三足鼎立的状态：

■ 那家互联网巨头已经是岛上民宿业里的大家伙，那些愿意进一步降低成本的民宿老板继续跟它合作。

- 罗勒旅游俱乐部和俱乐部合作社以“一价全包”的形式服务游客。
- 未来旅游合作社则是年轻一代为年轻一代提供服务。两家合作社均有区块链形式的会员卡。

现实链接

从平台到社区

在论文《企业的性质》中，罗纳德·科斯提出了交易成本，并用它解释了企业为什么存在。一般来说，如果在市场上自由交易时，交易成本低，我们会在市场上直接交易。如果在企业内部通过命令和协调的方式来交易时，交易成本低，我们会把这些行为放到企业内部。

科斯指出，经济中有三种成本：一是搜索（search）的成本，二是协调（coordination）的成本，三是签约和履约（contracting）的成本。我们已看到，互联网大幅度降低了搜索的成本和协调的成本，互联网平台成为经济生活中生产组织和资源配置的主角。

组织形态往交易成本更低的方向发展

现在，区块链将大幅度降低“签约和履约的成本”，它也会进一步降低其他的交易成本。同时，它也会带来全新的组织形态。在《区块链革命》中，数字经济之父唐·塔普斯科特认为：“区块链技术能极大地降低搜索、合约、协调和建立信任的成本……在这种机制下，为自己谋取利益也意味着实现每一个人的利益。”

总之，沿着交易成本理论，我们看到三大转变：第一次转变是从市场到企业，第二次转变是从企业到互联网平台，第三次转变则是从平台到社区。对未来的组织形态有很多不同的称呼，比如自组织、联盟、自协作共同体、合作社、共享社区，在这里我们把未来的经济组织简单地称为“社区”。

再来回看比特岛上的民宿业变革与酒店业的组织形态。如果加上数字大陆上常见的大型酒店集团，我们看到了 4 种协同合作的组织形态：酒店集团是企业；那家互联网巨头是平台；罗勒俱乐部合作社是有中心的合作社；未来旅游合作社是无中心的合作社，无中心的合作社即社区。

虽然有人称，社区代表着未来，但经历过未来旅游合作社发展中起起伏伏的人已知道，组织演变远比技术演变来得慢和复杂。互联网、数字门锁、物联网等新技术会很快更新到每一家民宿，大家一下子都用上了。但组织和协同的演变并不是旧的被新的彻底取代，它们往往是相互借鉴、同时共存，变得越来越像却永远不会变得完全一模一样。

10

新打车平台：合作社 2.0

乔治一直关注着比特岛民宿业的实验。他是一位知名的互联网企业家，他创办过电商平台，也曾在打车平台担任过高管。民宿业巨变的那段时间，他在比特岛长住休大假，他喜欢罗勒俱乐部的老派舒适，亦喜欢未来旅游合作社的新锐和理想主义。他有不少技术极客朋友现在定居在比特岛。

当朋友劝他一起在比特岛做民宿业务时，他拒绝了。他不想只待在小岛上，或者说野心勃勃的他已经看到，小岛上的通证经济实验固然有趣，但没有规模效应（即量越大成本越低），又没

乔治

有范围效应（提供两种产品比一种成本低），更没有网络效应（参与者越多则总体价值呈指数级增长）。

往来数字大陆和比特岛时，乔治每次路过威纳湾都发现，威纳湾越来越热闹。区块链热潮给这座城市带来了很多新人口。一次，在威纳湾路边打不到车时，乔治想，或许可以在这个欣欣向荣的新城市换一种方式重做打车平台。威纳湾的公共交通远跟不上发展的需求，城里的出租车又很少。

每一辆车就是一个迷你公司

外部的打车平台巨头虽然有技术优势，但也仅能满足很少的新增需求。外部的打车平台在威纳湾这个市场没有快速扩张，因为它们依赖城市里原来的私家车，但威纳湾是个人口突然爆发的城市，没有那么多私家车存量。

"如果我能买 4 000 辆车，按比例可以获得 40% 的市场。"乔治设想。如果全部是全新的车辆，他甚至可能占到更多的市场份额。但是，乔治没有那么多资金，谁也没有那么多资金。打车平台巨头不会把巨额资金投在一个小市场上，它们有整个数字大陆这一整张比萨，自有资金只能像撒胡椒粉那样零星点缀。

过去，打车平台解决这种发展矛盾的方法常是，引入银行等金融机构贷款给司机买车。司机承担所有的经营风险，银行获得固定的利息收入，平台扩展自己的生意。

在深入观察比特岛民宿业的变化之后，乔治想，他或许可以用一种新模式来响应威纳湾的打车需求，他称之为"平台 2.0"，是平台模式的升级换代。

现在打车平台给司机的选择是，司机自己投资成立一家只有一辆车的“虚拟车辆公司”，这个公司从找银行等处借钱买车，司机与车辆的经营收入的一部分作为定期还款。

区块链可以催生新的方式，出资人和出劳动力的司机双方可以组建一家虚拟车辆公司，共担风险，也共享成长。每一辆车的收入将实时进行分配。区块链技术大幅度消除了资金流动的摩擦，车辆的每一笔收入按照预先设定的规则在车辆出资人与司机之间进行小额、持续的分配。

乔治组建了一家名为“新打车平台”的机构，招募出资人和司机，准备以这种新模式在威纳湾提供打车出行服务。

他给车辆出资人和司机详细讲述了新打车平台的运作模式。

一方面，新打车平台将是一个组建虚拟公司的平台。在其上，出资人和司机组成一个个虚拟车辆公司。平台将用区块链技术进行收益的实时分配。

另一方面，平台总体价值中的一部分将由各个虚拟车辆公司根据贡献获得。经过互联网的大发展，人们已经知道，互联网平台因网络效应市值指数级上升，运营得好的平台将收获巨大的价值，所有参与者都想从中分一杯羹。

对于如何精细化衡量每个虚拟车辆公司的贡献，乔治认为还需要细化，但大体上按照订单量、金额、好评度等标准综合判断。他认为能找到一种合理的机制把平台的长期价值分配给所有参与者。

“最早那些加入优步平台的司机，难道不应该也享有今天它成长的红利吗？”乔治说。他认为，最早让网络效应超过关键值的那些司机贡献者应该得到相应的回报。他承诺，新打车平台将是所有参与者的平台。

同时，组成虚拟公司的这些出资人与司机如果愿意的话，也可以参与平台风险投资形式的融资。乔治非常欢迎他们组成投资财团，与投资基金一起竞争平台投资的机会。

新打车平台本身的融资仍采取已经很成熟的风险投资的方式。人们探索区块链应用后的一个认识是：互联网是以风险投资为核心的，而区块链是以通证经济为核心的。但乔治是一个实用主义者，他也从来不认为新的一定比旧的好、新事物必定取代旧事物。在他看来，新世界总是由新事物、旧事物叠加而成的，关键是如何两边都选择最好的那一半。

打车平台的石头汤节

凭借过去的创业经历和应用区块链的新想法，乔治拿到了一笔风险投资。现有的打车巨头也主动要求加入这一项实验，它们以现有的路线规划、调度分配、风控模型等算法争取到参与投资新打车平台的机会。

威纳湾那些区块链投机潮中的幸运儿也是这个实验的热情支持者，他们比所有其他人都更想看到区块链落地应用。

新打车平台是一家承载着梦想的公司，它迅速起飞。一传十，十传百，新打车平台的车辆数量突破了一个个门槛，从几百辆达到了将近一千辆。

到了正式亮相的日子。

在威纳湾最热闹的广场上，乔治支起了一口超级大锅，比荷兰艺术家弗洛伦泰因·霍夫曼（Florentijn Hofman）做的大黄鸭还要大。乔治把这一天称为新打车平台的石头汤节（Stone Soup Festival）。“石头汤”是孩子们熟知的故事，三个从战场上回家的士兵饥肠辘辘，但村民不愿意给他们吃的，士兵告诉村民，他们要做一锅用石头做的汤。“好奇的村民为他们准备了木柴和大锅，士兵真的开始用三块大圆石头煮汤了！当然，为了汤的味道更鲜美一点，他们还需要一点佐料，比如盐和胡椒。当然，有一点胡萝卜会更好，卷心菜、土豆、牛肉等能配一些也不错，如果再来一些大麦和牛奶，连国王都可以喝……一锅神奇的石头汤真的煮好了！”[①] 士兵和村民一起开心地喝起了石头汤。

---

① 《石头汤》最初发表于 1947 年，作者马西娅·布朗，它是根据法国民间故事改编的图画故事书，是公认的世界经典绘本，曾获 1948 年凯迪克奖银奖。

乔治准备了石头、水和调料，他还需要很多海鲜。平台的风险投资人带来了海鲜。车辆的出资人带来了海鲜。车辆的司机也带来了海鲜。乘客也带着海鲜和各种食物加入进来。

人越来越多，石头汤节变成了威纳湾的盛大庆典。

新打车平台发展迅速，虽有波折与困难，但以极快的速度达到乔治最初估计的 4 000 辆车的规模。威纳湾的打车需求还在持续增长，前景一片光明。

乔治回顾总结，他认为新打车平台能够快速发展，除了用了已有互联网平台的经验之外，两点新的创新尤为重要：由出资人与司机共组的虚拟车辆公司，虚拟车辆公司即时分配收益。任何一个平台型业务，关键是要拥有动员服务提供者加入的能力。对新打车平台来说，也就是如何吸引车辆和司机的加入，这两个创新结合起来极大地增强了乔治的新打车平台的动员能力。

人们往来频繁的比特岛自不用说，在整个数字大陆各处都有人能找到投资，买车组建虚拟车辆公司，到威纳湾加入新打车平台。

乔治并没有过太久舒心的日子，一次意外差点彻底摧毁他的新事业。

濒临崩溃

“叮铃铃、叮铃铃……”乔治深夜被吵醒，手机上公司系统发来特级警报。当他赶到办公室，负责平台安全的同事大多已经到达。

这天夜里，新打车平台意外地成了恶性袭击的目标，多辆夜间运行的车辆被放置了有毒物品，司机被毒害逐渐昏迷，车辆失控，乘客伤亡。

现在还不知道受影响的范围究竟有多大，但所有在途的车辆都停了，原地等待救助。

电视台和网络视频在直播医院和现场情况，社交网络里是铺天盖地的评论。

制造袭击的坏人消失在夜幕中，没有人知道他们是谁，也不知道他们出于什么目的。根据一些蛛丝马迹，人们猜测，他们可能来自一个对新兴技术有恶意、抵抗所有新事物的顽固群体。很多年前在计算机刚出现时，他们曾对当年大公司的办公大楼发起过毒气袭击。

新打车平台的所有人度过了最艰难的 24 小时，他们奔走于医院和现场之间。除了最初出事的 3 辆车以外，其他司机、乘客都安全回家了。所有车辆进行紧急检查，确保安全。

在接下来的两个星期，平台暂时停止车辆在夜间运行。

在网络上，新打车平台遭到严厉的抨击。威纳湾警方公布的调查显示，司机中毒到车辆失控约有半个小时的时间。在这半个小时，车辆的行驶状况已经不太正常，当时应该有几十辆车出现类似的状况，新打车平台的系统竟然一点都没有发现危险。

连续两辆车发生交通事故之后，平台才发现问题发出预警。

时间延误导致本可避免的事故——第三辆车在一个拐弯处翻车，车上一名年轻女乘客不幸伤重遇难。

新打车平台接受批评，乔治诚挚地向公众道歉，公布一系列改善措施。它得到了公众的谅解，毕竟它也可算是受害者。

但新的麻烦又出现了，这一次是商业上的。问题出在平台的股权价值上，乔治没有预料到，使平台高速发展的与每家虚拟车辆公司分享平台价值的模式，会极其严厉地反噬他。

在灾难事件发生时，平台最后一轮融资的估值约为10亿美元，有点泡沫但不算太大。按照规则设计，车辆每次载送顾客后，它收到的一部分费用会有一小笔金额转变成平台的股份价值，即所谓的平台通证。运营时间久的车辆已有几千到一万美元的现金变成了平台通证。这部分金额现在大约占公司股份总价值的10%。

这些出资人和司机获得的平台通证，是根据当时的公允价值进行转换的，对应的平台估值在3亿至5亿美元之间。乔治通过这种方式让车辆出资人与司机也能普遍分享平台价值的增长。这的确吸引了很多人加入，乔治省掉了吸引司机的很多费用。他用未来的钱发展了现在的业务，这被认为是聪明的策略。

危机事件发生之后，平台急需补充新的资金，乔治不得不接受各种苛刻的条款，平台估值猛降到了1亿美元。相应地，车辆出资人与司机手上的平台通证也一下子大幅缩水。他们纷纷要求把这些通证按承诺的较高价格兑换成现金，乔治不得不遵守承诺，从很紧的资金中拿出钱来应对。

另外，在平台最被看好的时候，有几百家虚拟车辆公司组成一个财团，参与早前一轮的融资。为了和平台分享更多的价值，乔治给了它一个特别条款，即它可以随时按公允价格换回现金。它也要求赎回自己的投资款。

要求赎回资金的是同一群人，他们曾希望抓住财富机会，因而拿出很多个人资产进行投资，但在遇到危机时又急于逃走。这不能怨他们，他们有太多个人资产押在这件事上，失去了承担风险的弹性。

双重压力之下，有千万美元无法兑现。乔治自己已经无能为力，他个人已经将自己所有的钱投进了公司。

这些车辆出资人和司机在网络上抗议，网络上关于新打车平台的负面信息再次爆发。新打车平台摇摇欲坠，处于破产清算边缘。

在最后一刻，比特岛加密朋克小酒馆的一位隐秘富豪接手了这部分平台通证和股份，危机才暂时解除。

之后，新打车平台的估值还将下调，幸好这一次下调幅度不大，所有投资者都坚持住了。

长期看，危机事件毕竟只是意外，威纳湾的打车需求依然强劲，一年多后，平台公司的估值再次回到数十亿美元的规模。

破产波折在董事会会议室内外引发完全不一样的声音。

那些车辆出资人和司机有的已经接受亏损彻底离开，他们把车卖了。他们有一些还在运营，每日能获得不错的收益，但他们不免心怀怨恨："我们被割韭菜了。"他们几乎在最低点把平台通证和投资的股份卖出，等到价格重新涨回来时，他们后悔不迭。一来一去，他们有的人损失额相当于自己近两年的收入。

在董事会会议室内，乔治也很无奈，他更愿意让平台的服务提供者即车辆出资人和司机能一起享受长期发展红利，但他尽自己所能得到的却是现在这样的骂名。

在此次事件之后，乔治给自己立了一个新规矩。在后来的几轮融资中，他仍然乐意接受车辆出资人与司机组成财团参与跟投，但他不再像之前那样提供特别条款，他们得接受和专业风险投资者一样的条款。

在新打车平台兴起时，它把风险投资和通证经济结合起来的

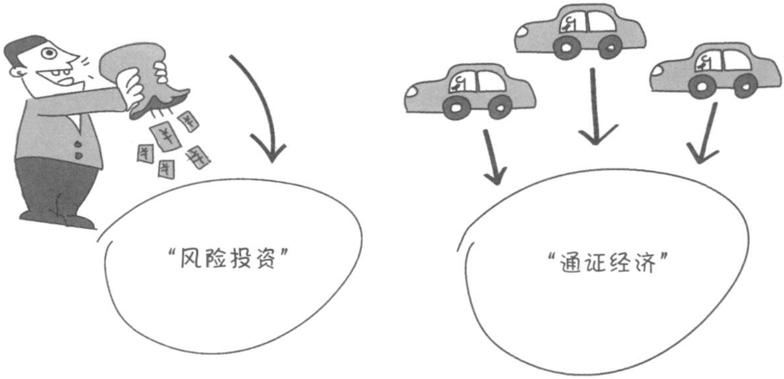

模式被广泛借鉴。破产风波使乔治看到，风险投资人着眼长期，愿意也能够承担风险。平台通证激励则是短期至多是中期的激励，持有者不能承受大波动。他将两者混淆的做法在一切向好时没有问题，但在遇到波折时必然会引发他所遇到的风波。

乔治把自己的新做法戏称为“石头墙原则”：在风险投资参与者和通证经济参与者两个池塘之间不应连在一起，也不能有直接连通的河道，两者间要建起一道高高的石头墙。如果你希望运水到另一个池塘，请自己跨过石墙。在那一边你遵循两边的规则与逻辑。

危机中的乔治

小岛词典：通证经济实践模型

通证经济实践模型（Token Economy Practical Model）[①] 认为，

① 通证经济实践模型由方军、郭强等人于 2018 年在《通证经济的模型与实践：区块链赋能实体经济的商业落地》报告中绘制，试图总结形成一个通证经济激励在商业实践中应用的通用逻辑。

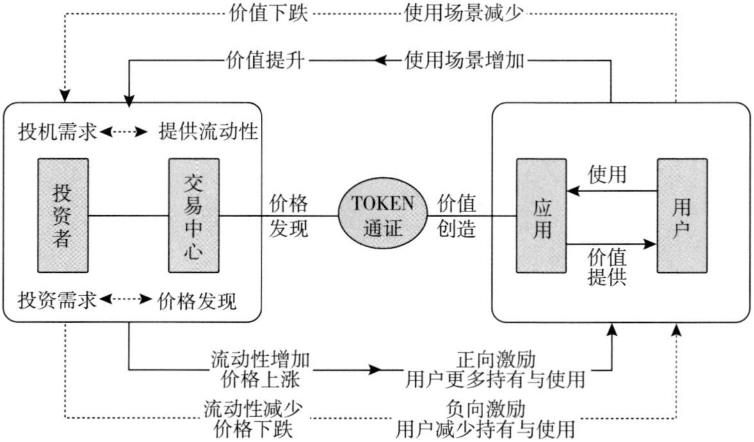

通证经济实践模型

通证的作用是支持各类用户与应用之间的互动，它的价格信号与应用场景之间的大循环会进一步促进优胜劣汰，使市场更有效率。

通证经济实践模型包括正向循环与逆向循环两种循环。假定价格发现机制是健康的。用户使用通证越多，通证价格将会上涨，这会促使用户愿意持有与使用通证，这是强者愈强的正向循环。相反，如果用户使用意愿降低，通证价格将下跌，这从而进一步降低用户意愿，推动逆向循环开始运转，劣质应用及其通证被淘汰出局。正向循环与逆向循环均提升了市场效率。

乔治经历了正向循环与逆向循环。在正向循环时期，通证经济激励为新打车平台提供了对车辆出资人和司机的强大动员能力。在逆向循环时期，它又狠狠地惩罚了乔治。通证经济激励是一种双向利器，它会让强者愈强，但要注意的是，它自带的逆向循环同样凶猛。在危机发生前，乔治并没有真正意识到逆向循环的威力，更没有意识到自己混合风险投资和通证经济的做法会进一步加剧危机。

幸运的是，他挺过了这一切，现在他又回到了正向循环之中。

11

打车积分的尝试

为了吸引更多打车用户，乔治曾向他们发放现金红包，但试了几次之后就停了。他没有太多资金做这样的红包促销，与数字大陆打车巨头间的竞争不同，在威纳湾，他也没有需要用红包大战去与之竞争的对手。

在威纳湾，他有机会尝试不少人们所说的用通证经济激励吸引用户的新玩法。

他已有了面向车辆出资人和司机的平台通证，平台通证对应于平台的总体价值可以说相当于股权，他因而做了个用户大促销

活动叫“打车赢股权”。每天有十来个幸运的用户会被抽中，获赠一些平台通证，数量跟一辆车每天能得到的数量相当。这些用户得到的是有特别编号的平台通证，他们还会得到一枚用金属铸造的实体纪念币。

乔治很遗憾地发现，作为奖励发出去的不是被随便扔到哪个角落完全遗忘，就是被用户毫不珍惜地在下次打车时折算成现金用掉。打车用户不觉得它有什么升值机会。

乔治本是未来学家阿尔文·托夫勒（Alvin Toffler）所说的“产

乔治

消合一者”（proconsumer）的信仰者，但反复看到那些他特别挑选的纪念通证被打车用户直接丢掉，他开始怀疑这个想法在现实中的可行性。他想，也许消费者根本只想做消费者，而不是做生产者与消费者的融合体。

乔治反思，参与公司股权投资的风险投资者考虑的是长期，拿到平台通证的虚拟车辆公司考虑的是中期，而普通消费者考虑的仅是短期。他试图用长期去刺激短期，失望在所难免。

积分通证的兴起与消失

乔治发现，还是老派的方式更能让用户开心。用户会很高兴自己被抽中成为幸运用户直接免单，或者获得一张下次打车可用的免费乘车券。他们喜欢充值优惠，如充 100 美元返 120 美元。他们喜欢积攒乘车点数，积攒一些点数换得半价乘车的机会。

“对啊，用户喜欢积分。”乔治想，用短期对短期，用像积分那样的东西去产生即时的激励才是对的方式。“我是不是用区块链技术来做积分呢？”

乔治说干就干，新打车平台推出了通用积分通证——既是消费积分，又是可以免费领的优惠券。刚推出时，它很受用户欢迎。用户喜欢新鲜感，他们领取获得区块链积分通证后存在电子钱包里，他们也像加密朋克小酒馆早期的那些人一样，仅仅为了好玩把积分转来转去。

用户喜欢看数字的增长，而根本不管它是什么数字、代表什么意思。乔治自己都会不时去看自己的积分数。当然，他本来就对数字敏感，每天会不时查看后台跳动的每日打车数量、里程数、开车的次数等数据。

有一段时间，积分通证有不错的效果，它吸引用户更多地使用打车服务。用户积攒很多积分通证，然后用掉。总之，用区块链做积分通证看起来不错，它不只是提供了一个好的工具，它的新鲜感也帮助吸引用户，它让消费积分和优惠券重新焕发活力。

但新鲜感很快消失了，新打车平台的积分通证回到所有消费积分的状态：越来越多的积分通证存放在用户的钱包里，用户不看也不用。

在车辆危机和破产危机后，乔治发现再没有多余的心思维持

这种积分通证。他调整了参数，用户获得的积分通证大大减少，他还减少了积分通证能够兑换的里程。这导致积分通证作用的又一次削弱，用户得到越来越少的积分通证，也越来越不在意。它兑换不到多少东西，用户就更加不在意了。最终，新打车平台的积分通证，在数字空间的墙角落灰。

偶尔，乔治会推出评分活动，参与可以获得多倍的积分通证，但并没有效果。乔治的总结是，用户只想花钱，并不想赚钱。他们热爱变化，胜过喜欢数字，没有什么数字能够超越人的本性。

作为威纳湾运用通证经济的榜样，乔治在整个数字大陆很出名，有很多对区块链和通证经济感兴趣的人来拜访他。他很热情地给来访者讲解新打车平台的做法，但在众人频频点头时，他往往会泼冷水：通证经济激励并不神奇，一切终究要回到商业常识。

如果老极客芬尼还在世，他大概会泼下另一盆冷水，区块链确实不神奇，它就是一个独特的记录交易明细的账本，它可以去掉中介，让大家实现一手交钱，一手交货。

芬尼可能还会说："它只是使像钱一样的东西流动得更快。"

这并非贬低区块链，这反而是暗示着区块链的巨大潜力。

上一次，当互联网使信息流动得更快之后，一切都变了。

上一次，当丰田精益生产方式使生产个性化并使产品生产流程运转得更快之后，一切都变了。

上一次，当报纸、广播、电视使商品信息流转得更快之后，一切都变了。

更早前，当电线使动力可以四处流转之后，一切都变了。

12

机器需要通证

“人并不特别需要通证，而机器需要通证。”乔治还深度参与了另一个区块链应用实验，现在他总是这么说。

短短几年时间，电动汽车流行起来，无人驾驶汽车也上路行驶了。在威纳湾科技公司集中的新区，一群有影响力的科技创业家结成了未来运输联盟（FTA）。

乔治的新打车平台把新区的车辆换成了电动汽车。联盟成员纷纷改造自己公司园区的充电桩和停车场。在方圆几十平方公里的新区遍布充电桩，人们开电动汽车很方便。

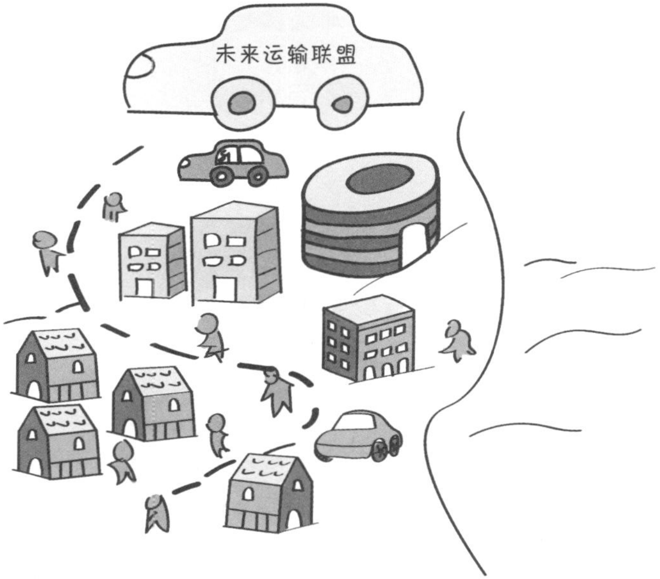

现在，偶尔打车的人在新区会叫到很奇怪的车，司机不是坐在驾驶座，而是坐在副驾驶的位置上。那人其实不是司机，只是服务人员。乔治自己的无人驾驶汽车是这些实验性车辆中的一辆。逐渐地，没有服务人员的无人驾驶汽车也上路了。

威纳湾新区变得有点科幻，在交通工具上它提前迈入了未来。有的程序员极客早上开车上班，到了办公园区后，他们不是把车停到停车场，而是让自己的无人驾驶汽车去新打车平台接单挣钱。他们喜欢尝试任何新鲜事。

在未来运输联盟的汽车改装厂，无人驾驶汽车在那儿经简单改装后就可以在威纳湾新区的各个充电桩充电、到停车场停车。当然，最初无人驾驶汽车并不多，汽车自己充电、停车的需求也很有限。

让机器有自己的身份与钱

未来运输联盟的工程师造出了一个手机大小的盒子，只要把这个名为“未来汽车盒子”的设备放在车里，任何汽车都可以用它去充电、停车。

出乎大家意料的是，为无人驾驶汽车准备的充电、停车、让路等实验功能被很多普通汽车用起来。

最初，未来运输联盟借用乔治的新打车平台的结算系统。每辆汽车、每个充电桩、每个停车位以及后来的每个盒子，都在乔治的新打车平台上开设了账户。这样，汽车收到用户的钱之后，可以直接付钱给充电桩、停车位，甚至可以付钱给其他汽车请它们为自己让路。

新打车平台的机器账号越来越多。

“也许我们应该进行新的实验了。”未来运输联盟的一次聚会上，乔治提出一个动议。

“现在，汽车每次充电、停车都要登录新打车平台系统，进行验证、结算。我们新打车平台乐于为大家服务，但越来越依赖我们，这不是好事。机器应该有自己的‘身份’和‘钱’。”

“是啊，我们怎么忘掉了区块链！”这些威纳湾的企业家和工程师极客发现，自己沉迷于无人驾驶，总想让物体活起来，竟然忘记了自己最熟悉、每天工作中在使用的区块链和通证。

乔治的新打车平台变成了汽车的信息、身份和金钱的中心。而其实，他们在工作中每时每刻都在努力消除对中心化机构的依赖，他们设想的未来是，不是依靠一个中心化机构来对所有的交易进行确认，而是通过区块链网络来让各方可以自行完成。他们没想到的是，这个未来交通实验竟不知为何走上了与他们一直追求的技术梦想的反方向。

未来运输联盟：第二阶段的实验

乔治的动议重设了问题，未来运输联盟的实验进入第二阶段。

一条实验性的区块链建立起来，联盟里每一个参与方都建立了自己的服务器节点。威纳湾的区块链企业家已在为整个数字大陆提供区块链技术和服务，大家把未来运输联盟看成新奇想法的实验田，乐于为它提供任何需要的技术协助。

所有的无人驾驶汽车、充电桩、停车位在链上都有了自己的身份、自己的账户。这些机器的数字身份和信息从乔治的新打车平台转到了这一全新的区块链上。

这条区块链有一个原生的数字货币——“未来交通币”，这

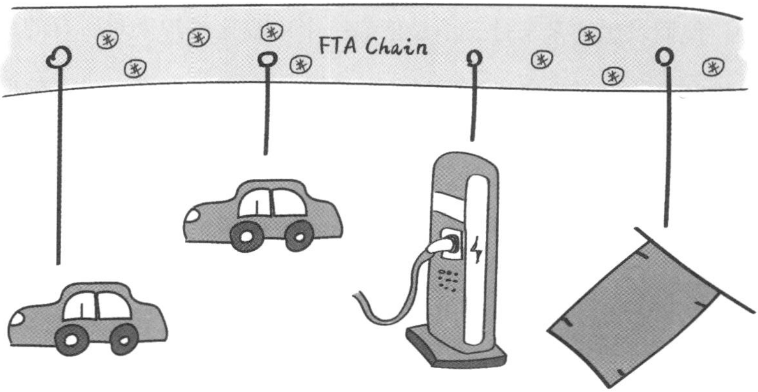

是一种机器专用的钱。100 未来交通币相当于 1 美元。当汽车去充电时，它直接支付未来交通币给充电桩。

乔治的新打车平台继续为汽车提供资金兑换服务。打车的用户支付美元，打车平台帮机器将收到的钱转换成机器用的未来交通币。

这个新区块链自然和已经成型的各种区块链网络连接到了一起。汽车的主人可以去威纳湾的各个纪念币交换所购买未来交通币，给汽车使用。停车位的主人可以通过去中心化的金融服务将收到的未来交通币换成美元。设好规则后，这一切均可以自动运行。

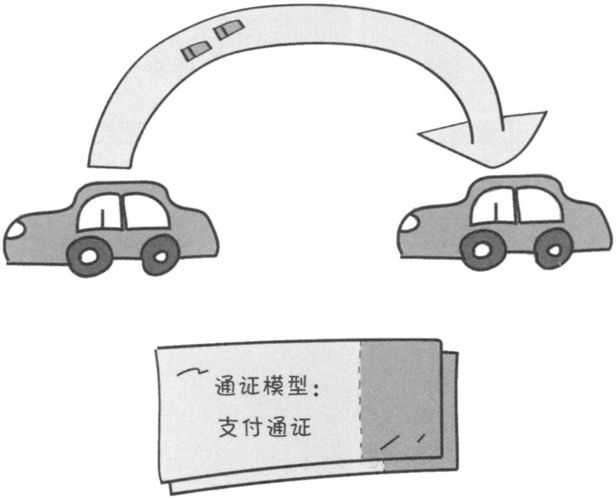

区块链的世界就像乐高积木，它有各种模块，人们发挥想象力把它们拼搭成自己想要的样子。只要基础的功能完备，马上就会有人在其上开发出有趣的应用。

汽车、充电桩、停车位相互之间进行各种交易，这些交易非常精确：您这次停车需要付 153.56 未来交通币，等于 1.5356 美元。

“这一切真奇妙，我仿佛看到，机器拿着钱去买它自己需要的东西。”乔治感慨道。机器在买卖时“一手交钱，一手交货”，不需要人类在事后帮它们做清算结算。

乔治认为，这是真正地让物体活起来了。机器拥有自己的钱和市场意识，能自己做交易决策。

乔治想起自己带着4岁的儿子去纽约旅游，他给儿子一张信用卡，让他在儿童餐厅自己付账。服务员也很配合地对蹦蹦跳跳的小男孩说："先生，这是您的账单，请把卡给我。"那一刻，乔治觉得儿子长大了。

现在，他仿佛看到了街头的无人驾驶汽车也长大了。这一切都是因为背后的区块链。

当机器有了生命

"这些机器会不会讨价还价呢？"乔治问自己。之前他的新打车平台代为处理机器的账户清算结算时，机器智能按照预先设定的价格交易。

现在，这些机器的身份、账户、交易、钱都在开放的区块链上，喜欢鼓捣新玩意的科技企业家和程序员又行动起来。

有人给自己的停车位写了一个简单的智能合约将收费规则细化：停车15分钟内不收费，充电加停车的费用具体怎么算，晚

间停车按什么标准收费等。

有人为汽车上做了一个打赏功能。一辆汽车如果发现旁边的汽车平稳行驶，可以打赏 1 未来交通币。如果一辆车走神，别的车动了，它还停在路口堵着其他车，旁边的车都可以来罚它 1 未来交通币。

各种各样的智能合约被编写出来，只是为了好玩。如果充电完成后，无人驾驶汽车立刻开走，后面的车会给它打赏。如果它友好地让后面有急事的无人驾驶汽车先充电，它还可以获得更高的打赏。

一个智能合约应用商店也出现了，上面有各种智能合约相当于应用程序供这些机器选用。人们可以下载各种应用程序给汽车、充电桩、停车位等机器用。

在威纳湾新区，曾总出现的一种很好笑的无人驾驶汽车故障——由于主人粗心导致汽车账户里没有余额，汽车不得不停在某个地方等主人为它充值。主人的手机收到推送通知后，不得不停下手头的事为机器服务。现在，有人为机器开发了借贷功能，汽车能自动申请一小笔未来交通币用于支付停车费等。

未来运输联盟里的汽车、充电桩、停车位等各种机器越来越像市场经济中的人，它们挣钱也花钱，在自由市场做着各种适合自己的决策。

未来运输联盟里的这些机器每天的总交易额并不高，也许最高的一天也不超过 10 万美元。但是，在这个小小的实验中，乔治和他的伙伴们偷窥到了未来的样子：机器需要通证。有了通证之后，机器成为市场中的自主实体。

现实链接

机器比人更需要区块链

我们会说起，区块链可以用在互联网行业，将来我们不再需要淘宝、滴滴、爱彼迎等。对此，很多人有点不以为然。他们说，这些中心化的互联网平台很好，为什么要去掉它们呢？我们争辩，去掉这些中心化平台可以进一步降低成本，但这种理由没什么说服力，人们其实很喜欢这些中间人。

到了物联网场景中，你会发现，机器比人更需要区块链。

去中心化不是用在降低成本这样“可有可无、有了更好”的目标下，而是变成必需的选择。以优步为例，用户打车的数据存在优步的中心化服务器里，如果它的服务器被黑客攻击，用户不想被人知道的打车行程可能会泄露。这很麻烦，但通常也没有大的影响。

但是，如果智能门锁的开门信息存储在某个中心化数据库中，甚至钥匙也存在那里，它要是被黑客攻破，用户的财产安全、人身安全就会受到巨大的威胁。如果家里的智能设备的数据

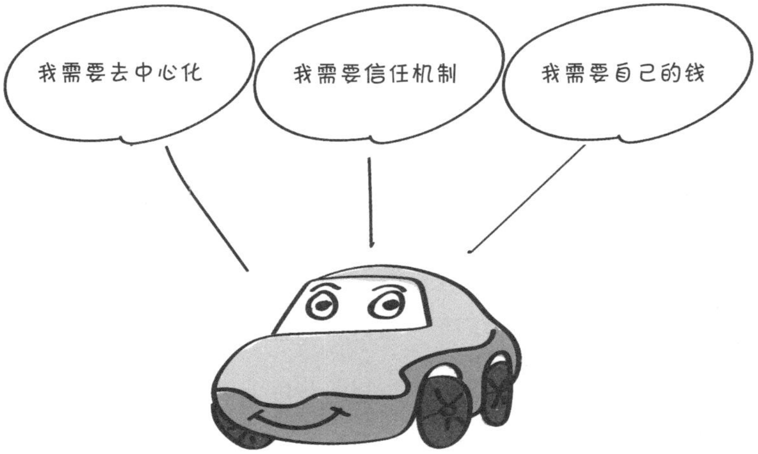

也存储在某个中心化数据库，黑客攻破它之后可以远程控制你家的窗帘、空调，那肯定不是我们愿意看到的。

在题为《设备民主：拯救物联网的未来》的文章中，IBM 公司的两位科学家维纳·珀斯沃伦（Veena Pureswaran）和保罗·布罗迪（Paul Brody）指出："在我们的去中心化物联网的愿景中，区块链会成为不同的设备间用以辅助交易处理和协调的框架。"要想建造一个物联网世界，应确保没有一个中心实体能够对各种设备进行控制，区块链技术是目前唯一可行的方案。

区块链的去中心化，在其他领域或许可有可无，但在物联网中，是基础性的、必不可少的特性。

我们用区块链来记录各种物联网设备之间的信任关系，并用区块链进行授权。而更有吸引力的场景正是上述未来运输联盟所进行的实验，让机器有自己的“钱”。有自己的钱可以让物体真正活起来。

我们来设想一个未来场景：高速公路上有很多无人驾驶汽车，一辆汽车赶时间，它愿意付一点钱请另一辆车给它让路，让自己可以快速通过。如果这两辆车是同一家公司的，它们采用同一个汽车计算系统和接入同一条私有区块链网络，那么它们之间的交流与交易较为容易。但公路上的汽车不会只是一家的，那么这些汽车之间怎么进行交易呢？

这时，我们需要一个多厂家联合的区块链系统，它上面只有最必要的信息。

那么，这些最必要的信息是什么？这些汽车又如何协商？经济学家早已经给出了答案，即把所有的信息或知识凝聚成“价格信息”，让这些汽车相互之间通过价格信号协商与交易形成市场的均衡。区块链的通证恰好能让汽车做到这一点：无人驾驶汽车有自己的“钱”，可以赚钱，可以花钱，也可以讨价还价。

13

有了通证，社群更好玩

每周四晚上，一个大型线下社群在数字大陆的近百个城市举办聚会。这跟很多公司每周开例会很像，他们把这种定期聚会称为社群例会。

每周四晚上，各种各样的主题例会在各个城市举办。形式多样，有的是请嘉宾分享商业或者技术方面的话题，有的是社群成员的旅游分享会，有的是读书会，有的是美食主题的例会。人数有多有少，有的人数多的可能有一百多人，有的可能是十来个人的小聚会。

这些社群例会是由各个城市的社群召集人即志愿者自发组织的，没有什么社群总部进行活动管理、协调、发布或评估。

区块链技术兴起后，由于社群里本来聚集的就是各种做互联网行业工作的人，它也成为各个城市社群例会最受欢迎的分享主题之一。区块链遇到社群碰撞出火花，来分享的嘉宾了解这个独特社群的运作后不断地跟召集人说："你们是完全的自组织社群，跟区块链的思维最契合，一起做点什么吧！"

社群的奖章

这个社群里有不少技术高手，他们模仿比特岛的做法，用区块链系统铸造自己的数字纪念币。

与比特岛上各种纪念币不同，他们铸造的是像奖章一样的东西，每一个都不一样。在硅谷，你作为召集人组织一次例会，得到一个硅谷召集人纪念币。你去东京出差时在当地社群做一次分享，得到一个东京分享人专有纪念币。在上海，你做一次例会的

服务志愿者，得到一个上海志愿者纪念币……

和比特岛一样，各种各样的数字纪念币被制造出来。每年各个城市的召集人一年一度大聚会时，他们最喜欢的活动就是相互赠送纪念币。

在威纳湾，这个线下社群组织很活跃，每周四有三四个聚会同时举行。作为区块链之城，威纳湾更是在纪念币上玩出了花样，比如报名参加的人会得到一个类似入场券的通证，到场签到后它又被转变成有纪念性质的通证。

在一个周末下午的威纳湾社群的特别聚会上，这个社群的通证有了更明确的模样。威纳湾的社群常借用某个大公司的办公室，召开所谓的“非会议”形式的大聚会。形式大体是这样的：聚会有一个大主题，但不预先设定演讲人，分享者和分享主题是由参与者在现场投票选出的。

到场后，想要分享的人都可以写一个主题卡。每个人有60秒的时间向大家推销自己要讲的主题。参与者给自己想要听的主题投票。根据得票的情况，聚会组织者安排整个下午的议程。有时，一个下午会有十多个分享主题，分成三轮。每轮有四五个主题讨论同步在不同场地进行，人数多的在大厅开讲，人数中等的在会议室，人数少的就围坐在休息区沙发上。一轮结束，大家再分头去寻找下一轮自己想要听的主题分享。

这天聚会前，有几位技术极客上午就到了，他们在现场组成了一个小队，开发了一个专用的纪念通证。下午，每个到场的人能获得3个通证，他们用通证进行投票，用通证进入某个主题分享会议室。

这天下午，他们还实验了各种各样能想到的功能，比如用通证做投票权、用通证做门票、给分享者颁发特别奖章等。

结束后，临时小队找了一家咖啡馆，正式地相互介绍。这个大型线下社群已经在上百个城市召开了社群聚会，他们决定把今天开发出来的区块链通证系统完善后供各个城市的社群使用。

社群的区块链通证

几个小时后，他们完成了一个能运行的正式区块链网络，并争取到了一个个城市的召集人的支持。他们争取支持的方式很直接，他们先推出一个“一键纪念币”功能，因此，各个城市的召集人用这个社群专用区块链马上可以更方便地发出纪念币，就像微信群发起一个接龙那么简单。有熟悉技术的召集人也在自己的城市运行服务器节点。当临时小队成员离开咖啡馆时，这个区块链网络的节点数已经有了好几十个，数字大陆地图上的城市图标被纷纷点亮。

在顺利冷启动后，这个小队发布了本来为非会议开发的通证功能。每个召集人能用它来做门票发放、投票、分享拉票、分享评价、赠送纪念币等各种功能。

很自然，有了好用的基础技术平台之后，各种各样的新花样被开发出来。接下来的情形和威纳湾新区的未来运输联盟很相似，在开放的技术平台上，新的想法不断涌现。

这个社群的聚会活动一直是免费的，最早选择免费是因为，收费的成本大过可能的收入，召集人自然选择免费。这逐渐变成一种传统。有了区块链之后，收费的成本已近乎为零，但大家认为，每周例会应该延续免费的传统。

但有趣的收费出现了。在一些特别的活动上，参加者可以签发一个通证作为入场券，这相当于一张特别的“支票”，上面可能是“我承诺为拿到此券的人提供 1 小时的演讲培训”，也可能是“我承诺捐助 4 个小时的环保义工服务时间”等。

在社群中，没有出现像“钱”一样的通证，但出现了各式各样的独特通证。在物联网与机器的世界，有了钱之后机器活了起来。而在人的社群，有了多样化通证后社群变得有意思起来。

现实链接

通证可以代表什么

区块链，是源自比特币的底层技术。比特币，是区块链技术迄今为止最成功的应用场景之一。但这个起源使得，谈起区块链上的通证可以做什么时，人们的注意力立即会集中在像“钱”一样的事物上，最初是货币，之后是股份，再是积分、票据。

的确，区块链技术实现了价值表示和价值转移的功能，而它之上流动的价值表示物就是通证。但价值不只是金钱，通证可以用来代表各种各样有价值的事物。

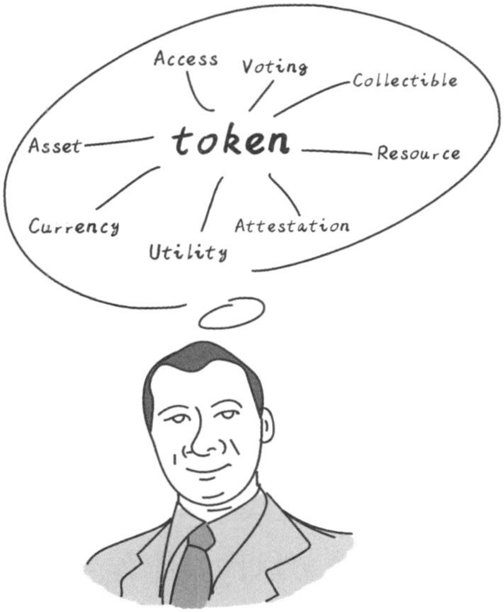

在《商业区块链》（*The Business Blockchain*）一书中，威廉·穆贾雅（William Mougayar）称区块链能表示的事物可总结成英文单词"ATOMIC"，即可编程的资产（Assets）、可编程的信任（Trust）、可编程的所有权（Ownership）、可编程的货币（Money）、可编程的身份（Identity）和可编程的合同（Contracts）。

在《精通以太坊：开发智能合约和去中心化应用》（*Mastering Ethereum*）一书中，安德烈亚斯·安东波罗斯（Andreas Antonopoulos）等做了一个更详细的列表。他们指出："通证常被用来表示数字化的私有货币，然而这只是其中的一种情况。通过编程，通证可以提供多种功能。数字货币只是通证的第一个应用场景。”他们列举的其他场景有：货币、资源（一个共享经济体或资源分享社区所产出或获取的资源）、资产（链上或链下、有形或无形的资产，如黄金、房地产、汽车、石油、能源等）、访问权限（代表一种针对物理资产或数字资产的访问权限，如登录一个聊天室、访问专用的网站、入住一家酒店或租车等）、权益（代表一个数字化组织，如DAO去中心化自治组织的股东权益，也可以代表传统公司的股东权益）、投票权（代表数字系统或传统组织中的投票权）、收藏品（代表数字化的收藏品，如加密猫，或真实的收藏品，如油画）、身份（代表一个数字化的身份，或者一个法律意义上的身份）、证言（代表针对某个事实的认证或证言）、实用型通证（用于使用或支付某种服务）。

总之，通证能用来表示很多种有价值的事物，而在区块链上它们可以自由地流动。

14

结语

加密朋克小酒馆早已恢复往日的平静。那些轰隆作响、耗电发热的挖矿计算机多已被移去了别处。整个岛上可能都没有几台了，还在运转的多是为留作纪念。在小酒馆吧台旁的一台机器上贴着这样的字条："这台计算机还在挖矿，但已经有 3 年零 4 个月没有挖到任何东西了。"

名为矿场的各种超大型数据中心接管了主要区块链网络的基础运行。它们跟谷歌、亚马逊云的数据中心一样庞大，功能也相似，都是支持某一个网络系统的运行。不同的是，这些区块链网络的数据中

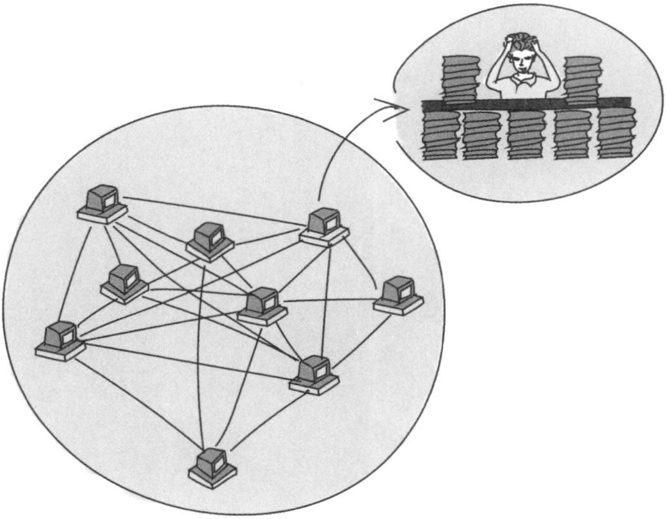

世界账本

心不属于同一家公司，而是属于众多个人或公司。它们相互间激烈竞争进行计算比赛，又共同支持着比特币网络或其他区块链网络。

比特币的开发者每年会定期聚会。他们偶尔会出现激烈的争论，争论甚至导致所谓的分裂，一条区块链分裂成几条，技术社区也相应地分裂成几个。但无论外界如何变化，他们终究是程序员，沉醉于写程序代码，很少走到台前。他们多数时间在写代码、解决难题，只是为了好玩。他们的前辈、创造 Linux 操作系统的林纳斯·托瓦兹（Linus Torvalds）曾经写了一本自

事实机器

传《只是为了好玩》（*Just for fun*）。他们有时候也想知道，如果中本聪写一本传记，会以什么为题呢？

到现在，人们仍在争论比特币究竟有什么价值。但不管怎样，现在它有一个价格，一个大幅波动的价格。同时，在比特岛甚至整个数字大陆，比特币不再代表惊奇，而是很平常的事物。说起比特币，人们有点像说起金店里的金银首饰一样，或者像说起美联储在纽约地下金库里的金块。的确，没有多少人会用到比特币，这一点它跟黄金倒是有着相似的特性，它藏在很多事物的背后。

信任协议

原本在比特币系统背后的区块链技术却走到了台前。人们越来越相信，在比特岛和威纳湾发生的一切仅是前奏，区块链和通证经济将给数字世界带来巨变。

巨变才刚刚启动。

世界账本、事实机器、信任协议、结算平台

2009 年 1 月 3 日是比特币系统上线日，也是区块链技术的诞

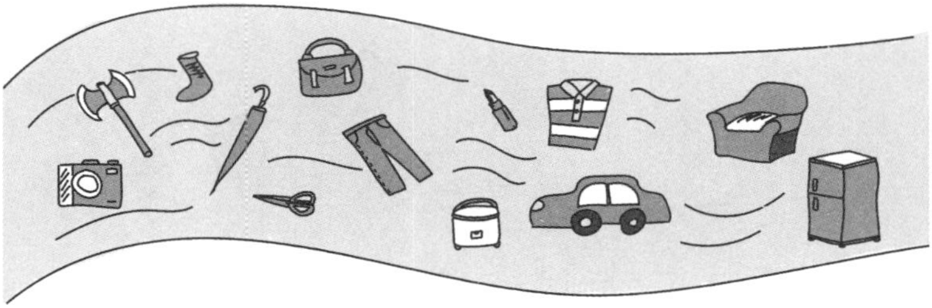

结算平台

生日。比特币系统在最初就具有了所有区块链系统的三个关键组成部分：去中心网络、分布式账本与作为价值表示物的通证。

区块链技术，是源自比特币系统的底层技术，但早已经超越比特币和加密数字货币，成为名为“价值互联网”的第二代互联网的主要技术代名词。经过10多年的发展与起伏，人们对区块链的认识有多次转变。现在，我们常用四个词来形容区块链：区块链是世界账本，区块链是事实机器，区块链是信任协议，区块链是结算平台。

区块链是“世界账本”。它存储数据的方式是交易明细账本的机制，记录的也是像我们记录在账本中的那些有价值的数据——金钱、股票、证券、资产、证书、合同、证据、访问权、收藏品、积分等。它发挥的功能也是类似于账本的功能。现有互联网是万维网，而区块链带来的是世界账本。

区块链是“事实机器”。只要我们能够确保记录到区块链上的数据是对的，那么区块链技术可以确保，这些数据永远跟上链的那一刻完全一致。随着时间的推移，这些数据的可靠性越来越强，它既不像纸张那样会随着时间褪色，也不会像数据库那样容易被偷偷篡改。

区块链是“信任协议”。人与人、组织与组织、物与物之间均能依托区块链这种计算机网络来形成信任，进行交易。人类社会的信任协议经历了血缘关系、一手交钱一手交货、商业信誉、合同、互联网平台等几代，区块链是适用于数字世界的新一代信任协议。

区块链是“结算平台”。区块链可以用作结算清算平台，交易双方直接进行，无须可信第三方即中间人参与。它能够结算的事物，将远远超过现金、证券这些狭义的资产，各种各样广义的价值均能在其上进行结算。未来，区块链将成为数字经济的交易基础设施。

与区块链是什么这四个词相对应，区块链将有四种主要的用途：它可用作确权工具，它可用作存证平台，它可用于通证经济激励，它可用作金融网络。

区块链，是数字化的新基础设施。区块链，将进一步推动这个世界的全面数字化。

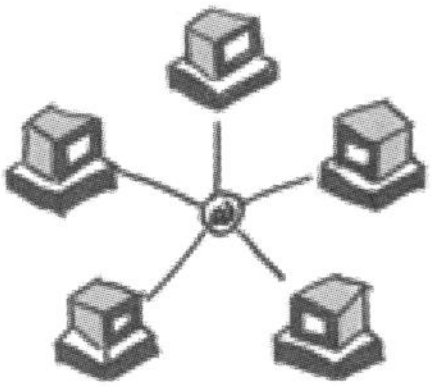

附录

去掉中间人的数字交易实验

未来的数字世界可否没有中间人？

在现在的互联网中，中间人似乎从一开始就在那儿，它们不可或缺。多数人也没体验过，如果没有中间人，连最简单的交易都极其烦琐。

芬尼体会过这样的烦琐。他曾与好朋友尼克做了一个在数字空间中去掉中间人的交易实验。正是因为体会过，芬尼非常坚信区块链的未来，因为它以极其优雅的技术方式将数字世界中看似必不可少的中间人去掉了，在各种交易中我们不再需要所谓的可信第三方了。

以下是他和尼克在加密朋克小酒馆中做的一个数字交易实验的全记录。[①]

数字古董交易："一手交钱，一手交货"

比特岛已全面数字化，所有人都习惯了在线交易。在比特岛，有一种独特的数字古董（或称数字收藏品），它们是计算机里的一串 0、1 数字组成的文件。对一般人，它们没什么价值，但它们却受到技术极客的热捧。他们还专门拼凑出方法来使这些数字文件可以是唯一的，即做到一个数字古董在发送给你之后，发送方就不再拥有。这样，它跟现实中的实物收藏品一样，是唯一的，具有收藏价值。

如果你要购买一个数字古董，你可以去类似淘宝那样的交易网站买，让互联网平台做中间人。在平台上，你跟卖家讨价还价、下单、付款。钱会暂时留在交易网站，当你收到货检查无误确认收货成功后，钱才会最终被转给卖家。作为中间人，数字古董的

① 这个实验实际上是区块链中的"原子互换"（atomic swap）的故事版，其主要思路是采用哈希时间锁定合约（HTLC）来支持原子互换。

交易网站会收取一定的中介费。

交易要依靠中间人，在加密朋克小酒馆是一个问题。他们不相信看不见摸不着的中间人：凭什么相信它？

“大家都相信它。”

“它的创始人是好人。”

“它有品牌。”

“它的公司资本雄厚。”

当然，他们其实更关心这个难题的答案：如果没有这个中间人，交易如何进行呢？

要是在比特岛的其他酒馆或咖啡馆，要做交易倒是有很简便的方法。酒馆或咖啡馆老板在本地很有威望，可由他们现场做中间人，钱还是在网上流转，数字古董也在网上传送，但由老板来现场确保交易的完成，即由老板充当所谓的“信任中介”或“可信第三方”。

麻烦的是，加密朋克小酒馆没有老板。没有中间人居中协调，这使得在这家小酒馆里做数字交易特别不方便。有时候，小酒馆的极客会谈好价钱，带着电脑去旁边的店铺，找它的老板做中间人完成交易。

通常，他们还是想办法直接在小酒馆里交易。小酒馆是整个数字世界技术最先进的地方之一，但在这里两个人要买卖点数字古董却要用很古老的做法，这跟他们交易的所谓古董倒是很搭配。

在小酒馆昏暗的灯光下，他们戴着面具面对面，用多数人已忘记的原始方式进行着交易：

小酒馆里有一些已很少有人用的U盘，卖家把数字古董存进去，买家可在一台刚刚格式化的像新的一样的电脑中进行确认。非常注重隐私的买家常带着现在已经很少有人用的实体金币来，他们不愿意通过网上银行进行转账。在检查确认后，他们一手交钱给出金币，一手交货也就是U盘完成交易。

U盘在比特岛都快成古董了，小酒馆的人自嘲地称这些U盘为“黑科技”，黑科技本指先进的科技，他们这是反过来说——我们竟然要用这样原始的工具！

在数字世界，交易为何这么难

尼克一直跟芬尼讨论，买家和卖家不见面、更不使用“黑科

技”U盘和金币，在数字世界直接进行数字古董交易是否可行呢？当然，他们还是不想要任何中间人。在数字世界，能否实现不通过任何中间人的“一手交钱，一手交货”呢？

尼克和芬尼两个人为了找出方法，做了下面的实验。

芬尼有一个数字古董，尼克出价购买。

两个人虽是老朋友，但这一次，他们假装互不信任，随时准备找机会把对方的钱或者货吞掉，消失在无法追踪的数字空间里。

关于价钱，他们经过几个回合的讨价还价，终于商定是

10 000 个数字纪念币。

关于怎么付钱、取货，两个人又开始了暗战。

“尼克，如果你先付钱给我，我就少收 1 000 数字纪念币。”芬尼玩起了花样。如果尼克先转账，他会立即收钱消失，卷走 9 000 个数字纪念币。

“得了吧！你如果先把数字古董转给我，我出价 15 000 个数字纪念币。”两个人哈哈一笑，知道这样的小伎俩是无法骗过对方的。

两个人推演了好久，终于找到了一种方法。

这一天，他们的交易全过程在加密朋克小酒馆的大屏幕上直播，密切关注他们的交易的人里可能就有阿哲（也就是那个后来发明比特币与区块链的中本聪），但当时根本没有人注意到他。

尼克和芬尼最终找到了办法。他们发现，看起来简单的“一手交钱，一手交货”要在数字世界里完成，要用上一些独特的设备，还得把两个交易（交钱、交货）拆成 4 个细分交易步骤，如下页图所示。

工具准备：常规数字保险箱、交易保险箱、时间保险箱

芬尼把数字古董放到小酒馆里的一个常规数字保险箱中，它

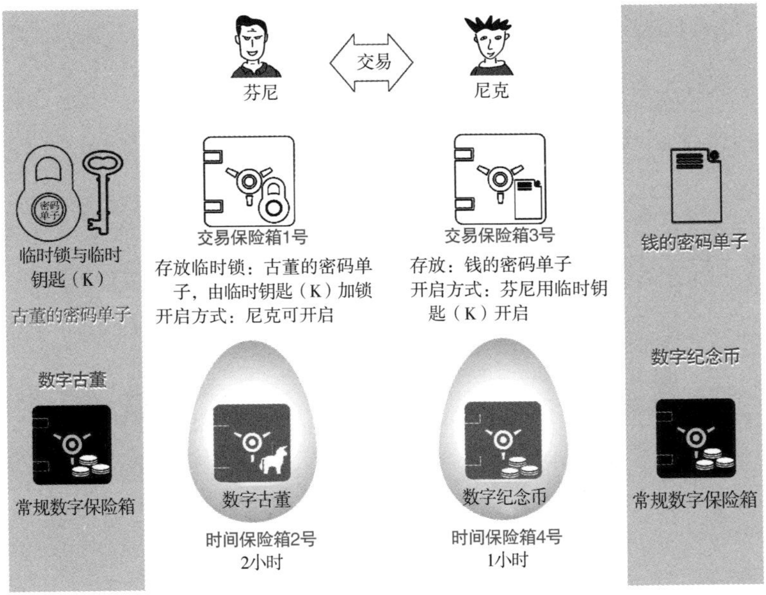

尼克和芬尼的交易

会随机生成一个无法攻破的密码单子。密码单子就是数字古董的所有权。谁得到这个密码单子，他就可以把数字古董取走。

为了交易，芬尼要用一把临时锁把密码单子锁进去，这把锁有一个无法攻破的临时钥匙（K）。拿到临时钥匙（K）的人打开锁得到古董的密码单子，从而拿到数字古董。

对芬尼来说，临时锁和临时钥匙（K）都没什么用。他已经知道密码单子，他随时可以打开常规保险箱，取走数字古董。

临时锁和临时钥匙（K）是给交易对手准备的。有了临时锁之后，他可以先把临时锁交给交易对手，稍后再根据某种条件把临时钥匙（K）发给对方。这就将数字古董密码单子的转交拆分成两步。

他们还要用到一种奇特的“时间保险箱”。这种加在常规数字保险箱外面的特殊设备叫时间保险箱，它最特别的地方是时间，或更准确地说是延时。

比如我想一个小时不看手机，我将手机放进时间保险箱，设定时间为一个小时，那么即便我有钥匙，在一个小时里我也无法打开它。

用了时间保险箱，我们相当于给常规数字保险箱再加上一层透明罩子。当芬尼给他放数字古董的常规数字保险箱加上时间保险箱罩子，那么，在设定的时间里，即使芬尼知道密码单子，他也无法取出数字古董，因为他无法打开外面的罩子。

这在交易中非常必要。否则，芬尼可以假装把数字古董卖给他人，也就是密码单子给到买家，但在对方去开启之前，他可凭借密码单子先把数字古董取走，让对方钱财两空。

我们这里用的时间保险箱还要再复杂一点，它通常是两个人一起用的，由两个人来共同关锁与开锁。它的特别在于，两个人可以打开的时间是相反的，通常在设定的一段时间里乙可以打开而甲无法打开，而在另外的时间里只有甲才可以打开。

以芬尼和尼克的交易为例。在数字世界，每个人都有自己的个人钥匙。关锁时，芬尼把装有数字古董的保险箱放进时间罩子，用自己的个人钥匙上锁。然后，尼克也用自己的个人钥匙上锁，他同意了这个交易。

时间罩子开锁的规则是：在约定的时间比如一天里，芬尼是无法单独用自己的个人钥匙开锁的。但在这一天里，尼克是可以用自己的个人钥匙打开的，但一旦过了时间期限，他就打不开了。

最后，他们还会用到一种交易保险箱。这样的保险箱也是两个人一起用的，两个人用自己的个人钥匙都可以打开。它又可附加一些条件，如必须同时输入某个要求的特定信息才行。

有了这些准备，芬尼和尼克可以进行没有中间人的交易了。

在数字世界，没有中间人、无须见面、一手交钱一手交货的简单交易，需要拆分成4个细分的交易。每个交易用到一个保险箱（交易保险箱或时间保险箱），它们分别有各自的规则，符合相应条件才可以打开。

准备4个细分交易：芬尼的两步

芬尼发起两个细分交易。抱歉得按照下面这样的顺序颠倒着说，因为这些交易有先后顺序。我们说的顺序将是：交易2、交易1、交易4、交易3。

交易2是，芬尼为尼克开启一个他们两个人的时间保险箱，时间设定为两个小时。他把存放数字古董的常规数字保险箱放进这个时间保险箱玻璃罩子内。

在接下来的两个小时，芬尼无法打开时间保险箱。因此在这段时间，他接触不到常规数字保险箱。这带来的效果是，数字古董将离开他的手，但数字古董还不会到尼克手中。

在这两个小时，尼克自己的个人钥匙可以单独打开这个时间保险箱。但尼克打开时间保险箱这个玻璃罩子也没什么用，他没有古董的密码单子，无法打开里面的常规数字保险箱，拿不到数字古董。

如果尼克同意进行这第二个交易，即他一起来锁上这个时间保险箱，那么芬尼就会接着进行早已经准备好的第一个交易。芬尼开启一个两个人都可以打开的交易保险箱，把用临时钥匙（K）锁起来的密码单子放进去，也就是把临时锁放进去。

这时，尼克可以打开这个交易保险箱。但打开也没有用，他没有临时钥匙（K），无法打开临时锁得到密码单子，因而拿不到数字古董。

到这里，芬尼要做的就完成了，他只要严密保护好临时钥匙（K），就可以确保自己的数字古董不被诓骗走。如果两个小时后，相关的交易没有触发，则交易取消，芬尼打开时间保险箱 2 号，再打开里面的常规数字保险箱，把数字古董拿回来。

准备 4 个细分交易：尼克的两步

接下来，轮到尼克付钱了。他要做的事情跟芬尼相似。

他不能直接转账，他知道芬尼随时准备拿钱跑路。他把数字纪念币锁进常规数字保险箱，也拿到一个钱的密码单子。同样地，谁拿到钱的密码单子，就可以拿走这些钱，这些钱就再也追不回来。

尼克先开启第 4 个交易。他开启的也是一个时间保险箱，一个玻璃罩罩在了装有数字纪念币的常规数字保险箱上。这个时间保险箱的时间是一小时。

芬尼也要表示同意这个交易，他用自己的钥匙一起来锁上。在接下来的一个小时里，尼克将不能打开这个时间保险箱 4 号，而芬尼能打开它。

这带来的效果是，在这一个小时中，尼克的数字纪念币也暂时离开他的手，但同样还没有到芬尼的手中。芬尼没有数字纪念币的密码单子，打开时间保险箱的玻璃罩子，也取不到里面一层常规数字保险箱里的数字纪念币。

如果芬尼同意这第 4 个交易，那么，尼克接着再开一个交易保险箱，这是他们之间的第 3 个交易。

交易保险箱 3 号里面装的是钱的密码单子，尼克自己可以直接打开，而芬尼必须同时用数字古董的临时钥匙（K）和自己的个人钥匙才能打开。因此，一旦芬尼选择打开它，尼克也就拿到数字古董的临时钥匙（K）了。

芬尼和尼克一通复杂操作，终于设定好 4 个细分交易准备。之后，不需要任何中间人的交易可以真正地执行了。

交易执行过程

在交易 3、交易 4 启动的一个小时内，芬尼用数字古董的临时钥匙（K）和自己的个人钥匙打开交易保险箱 3 号。这样做，芬尼给出了数字古董的临时钥匙（K），换得了钱的密码单子。

芬尼通常立刻用个人钥匙打开时间保险箱 4 号，用钱的密码单子打开锁着数字纪念币的常规数字保险箱。他顺利把数字纪念币拿到手。

对应地，尼克得到了数字古董的临时钥匙（K）。他用自己的个人钥匙打开交易保险箱 1 号，看到了临时锁。他用临时钥匙（K）打开临时锁，得到数字古董的密码单子。

在两个小时时限到期前，他有充足的时间去打开时间保险箱

2 号，打开玻璃罩子，再用密码单子打开里面的常规数字保险箱，把数字古董拿到手。

终于，一个复杂得几乎无法忍受的交易完成了。大概只有极客才愿意如此不怕麻烦来验证是否可以进行没有中间人的交易。

他们相互防备，不依赖中间人，借助这些奇怪的交易保险箱和时间保险箱完成了交易。

假设芬尼没有触发交易，即他没有用数字古董的临时钥匙（K）去触发交易 3，那么在一段时间后，各个交易就被逐步撤销。

在一个小时后，尼克的时间保险箱 4 号到期，他可以打开这个玻璃罩子，取走里面常规数字保险箱中属于自己的数字纪念币。

在两个小时后，芬尼的时间保险箱 2 号到期，他可以打开这个玻璃罩子，用密码单子取走里面自己的数字古董。

再说时间保险箱

当然，芬尼触发了交易 3，整个交易最终完成。

特别地，尼克拿到临时钥匙（K）后需要立刻去执行后续的动作：打开交易保险箱 1 号，拿到临时锁并用临时钥匙（K）开启，拿到数字古董的密码单子；用个人钥匙打开时间保险箱2号，将其中的数字古董取走。

否则的话，等到时间保险箱 2 号到期，他将再也无法打开。此时，芬尼可以打开，他又记得密码单子，因此他可以将数字古董取走。即，如果尼克没有尽快取走数字古董的话，两个小时后，芬尼还有机会取走数字古董，让尼克钱财两空。

如果在设定的时间内全部交易都完成，那么 2 号和 4 号这两个时间保险箱后续的用途也就不会用到了。对尼克来说，一个小时后他又可以打开时间保险箱 4 号，但里面常规数字保险箱中的数字纪念币已经被取走。对芬尼来说，两个小时后他可以打开时间保险箱 2 号，但里面常规数字保险箱中的数字古董也已经被取走。

你可能也注意到了，在这里，芬尼的时间保险箱是两个小时，而尼克的时间是一个小时。为什么有这个差异呢？这是因为，人的行动不会完全同步，延时给对方留出了动作的时间。

实际上，他们两个人上述交易方式看起来用了复杂的常规保险箱、交易保险箱、时间保险箱，但其实的主要秘诀是藏在时间延时中，如下图所示。

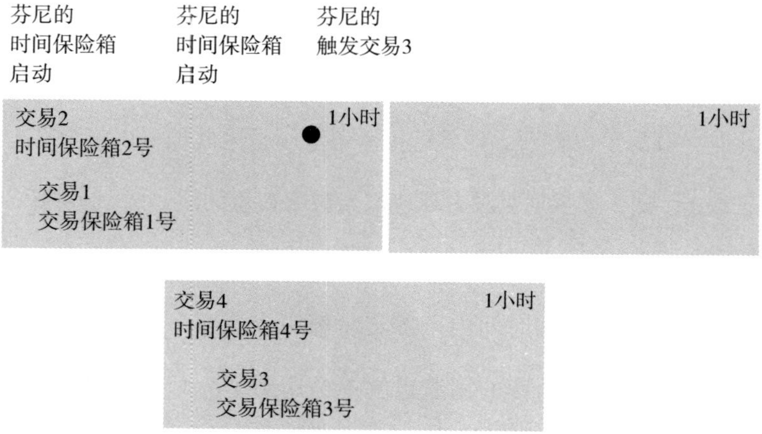

奇妙的时间

给你留几道考验脑筋的问题吧：如果尼克自己慢腾腾地把准备交易的工作拖到第二个小时时段，他还应该继续进行交易吗？如果继续交易，尼克会给自己造成风险吗？又或者，如果芬尼故意拖延触发交易最终执行的时间点，尼克会有钱财两空的风险吗？

在有中间人的交易中，看起来中间人处理的事物是信任，其实他所处理的是时间。双方把钱和物先后交给他。然后，在一定的时间里，如果交易完成，他分别把钱物给到双方。如果在一定的时间里交易未能全部完成，中间人则把钱物原路退回。

中间人看起来是建立信任，实际上是帮大家跨越时间。谁如果不守约定，则交易撤回，谁也不会有损失。中间人可以让时间倒退。

在芬尼和尼克的交易实验中，时间保险箱和交易保险箱组合起来实现了这一点。他们用一系列的保险箱机器和规则取代了中间人。

在小酒馆里，关心数字纪念币系统的人分成了两大派：一派货币派认为，数字纪念币背后的系统解决的是“一手交钱”的问题，沿着这条线下去，他们认为这个系统可以用来铸造真正的货币；另一派财产派认为，数字纪念币背后的系统解决的是“一手交货”的问题。沿着这条线下去，他们认为这个系统可以用来转移数字财产。

芬尼这些技术派的想法则简单直接得多，管它是钱还是货，反正都是数字账本上记录的财产。区块链账本是价值移动的河流。在比特币等区块链系统中，一个人可以用私钥签名把通证从自己的地址转到另一个人的地址，这就是价值移动的最小单元——在一个区块链账本上，一个有价值的事物从一个人转移到另一个人

手中。有了最小单元，我们可以用它来建立各种复杂的交易。

当然，正如尼克和芬尼的交易实验所展示的，仅有这个最小单元还不够，我们还要一些其他必要的功能模块。芬尼和尼克的实验中就用到了好几个，比如这里我们用类比说的交易保险箱、时间保险箱等。

芬尼和尼克的实验比通常的区块链上的单向价值转移复杂，是因为他们其实是在两条区块链上进行双向价值交换：在一个数字账本上金币从买方到卖方，在另一个数字账本上财物从卖方到买方。

这样的价值交换其实很常见，它是我们经济生活中最常见的交易单元即两个人之间钱与物的互换。区块链上的一个所谓的转账交易其实只是我们日常生活中常见交易的一半。

总之，芬尼和尼克的实验完成了一次无须中间人的钱物交换，它既告诉我们去掉中间人的困难，又告诉了我们去掉中间人的确是可行的。